KB112990

참된 존재를 향한 지혜

참된 존재를 향한 지혜

김현태 지음

철학과 현실사

머리말

    이 책은 저자가 철학과현실사에서 출간한 『즐거운 지혜』의 후속편에 해당하는 글들로 채워져 있다. 『즐거운 지혜』가 일상의 지식을 넘어서는 참된 앎을 탐색하기 위해 쓰인 글이라면, 이 책자는 진리와 지혜를 벗삼아 무엇이 옳고 그른지를 생각하고 또 사색하여 판단한 바를 어떻게 실천에 옮길 수 있는지를 숙고하며 쓴 글이다.

    내용과 관련해서는 학술적인 이론도 있고 그렇지 않은 부분들도 있다. 학술적인 면들은 독자들에게 좀 더 가까이 다가가기 위해 어려운 용어들은 피하고 그 난이도를 최소화하려 애썼지만 실제로 그렇게 하기에는 여의치가 않았다. 깊은 사유와 관련된 문제만큼은 어쩔 수 없이 난해한 철학이 가미될 수밖에 없었던 터이다. 특히 전반부의 진리와 존재 문제들은 철학적인 냄새가 과도하게 풍기지 않나 싶어 죄송스럽기까지 하다.

    저자가 가톨릭 교회의 사제로 살아온 지도 벌써 30여 년의 세월이 흘렀다. 대학원을 마치고 서품을 받은 지가 엊그제 같은 데 정말 세월 한 번 빠른 것 같다. 얼마 전 이순(耳順)의 나이에 접어들면서 지혜에 관한 글을 출판하게 되었는데 그 뒷부분에 이 책자의 글들을 달아 붙이려 해 보았지만 책이 너무 두꺼워져 독자들에게 부담감만 안겨 줄 것 같아 이렇게 단행본으로 펴내기로 했다. 연결고리가 떨어져 나간 부속품이 제 역할을 다할 수 없듯이 이 책자 역시 다소 어색한 부분으로 독자들에게 비치지 않을까 두렵다. 이 책의 전체적인 흐름을 위해서라도 이 저술의 전편에 해당하는 『즐거운 지혜』를 참고해 주었으면 한다.

삶은 소중하기 이를 데 없다. 그렇지만 시간이 흐를수록 자칫 그 힘을 소진하며 추레하게 보일 수도 있는 게 허망한 인생이기도 하다. 그러기에 있는 힘을 다해 "이웃을 네 몸같이 사랑하라"는 예수의 가르침처럼 신명을 다해 멋진 삶을 꾸려야 하는 것은 어쩌면 무상으로 주어진 생(生)의 선물에 감사의 정으로 보답하는 길이 아닌가 싶다. 그렇다면 우리가 하는 모든 일에도 나름대로 주어진 목표가 있듯이 삶의 최종 목적지에도 참된 존재가 있음을 깨닫고 지혜를 다해 매 순간 진실된 삶으로 응답하며 복된 미래지향적인 삶을 꾸려가도록 해야 할 것이다. 그렇게 할 때에만 각자는 유일회적인 생의 승리자로 남게 될 것이기 때문이다.

인간의 머리는 철학적으로 두 부분으로 나뉜다고 한다. 하나는 일상의 지식과 관련된 아랫머리이고, 다른 하나는 지혜를 찾고 참 존재를 향해 열려 있는 윗머리이다. 전자는 하급 이성에 해당하는 부분이고 후자는 상급 이성이라 불리는 지성이다. 그런데 세상은 온통 지식사회에 젖어들어 아랫머리를 쓰는 데에만 급급하다. 그러니 윗머리는 거의 쓰지 않아 녹이 슬어 있는 상태다. 가동을 중단한 지 오래된지라 지금에 와서는 안

타깝게도 '위의 것'과 절연하며 사는 것을 사람들은 당연지사처럼 여기고 있다.

축 늘어진 어깨를 활짝 펴고 참된 존재가 자리한 '저 깊은 곳'과 눈을 들어 '저 위의 것'에 관심을 둘 때다. 그렇지 않으면 지식으로 충만된 자가 세상의 만물박사, 척척박사로 미화될 수 있을지는 몰라도 지혜와는 무관한 우물 안의 개구리처럼 통관규천(通管窺天)의 신세에서 벗어나지 못할 수도 있다.

『즐거운 지혜』에 이어 이 책의 출판을 기꺼이 응낙해 준 철학과현실사에 특별히 감사드린다. 수고를 아끼지 않은 임직원들, 편집 작업에 애써 준 본교의 손중원(바오로) 선생에게도 고마움을 표한다. 옆에서 기도하고 응원해 준 모든 이에게도 하느님의 크신 축복이 함께하길 빈다.

2012년 8월 15일
인천대건고등학교 사제관에서
김현태 신부

차례

제1부

진리 탐구

제 1 장

진리의 처소

진리란 무엇인가?

성 토마스 아퀴나스는 "지성과 사물의 일치"가 다름 아닌 진리라 여겼다. 우리 안의 지성과 저 밖에 존재하는 대상들이 서로 간에 적합하게 하나가 된 것을 두고 그렇게 말한 것이다. 밖에 사물이 A라고 있는데 우리 머리가 그것을 B라고 말해 버린다면 이것이야말로 진리가 아닌 거짓이 되고 만다.

참된 이치와 이거(理據, ratio)에 해당하는 진리도 부지기수다. 문제는 그것들이 전체적인 것이 아니고 부분적이라는 데에 있다. 참된 진리는 편파적이고 부분적인 것을 넘어 보편적 가치체계에 통합, 현시되어야 한다.

우리가 살고 있는 이 세상에도 참된 것, 아름다운 것이 얼마나 많은지 모른다. 그렇지만 그 같은 참되고 아름다운 것도 알고 보면 최상 존재의 진성(眞性)과 미성(美性)을 나누어 갖는 것, 혹은 거기에 부분적으로 참여하는 것에 불과하다. 이것을 두고 철학에서는 존재의 분여(分與)라고 표현한다. 다시 말해 세상의 모든 것은 그것이 제아무리 참되고 아름답다 해도, 알고 보면 모든 것은 참된 존재 앞에서 한없이 보잘것없는 부분적이고 부차적인 것일 수밖에 없다는 것이다.

참된 존재란 모든 것을 포괄하는 유일자이며 만물의 원초적이고 제일차적인 원리다. 또한 그것은 절대적이며 완전성을 지닌 존재다. 진실되고 아름다운 것의 최고 형태는 이런 참된 존재(Esse) 안에서만 발견될 수 있는 것이다.

이러한 진리를 찾아가는 데는 특수한 노선과 방법론이 있다. 무턱대고 진리에 접근하여 하루아침에 원하는 진리를 찾으려 하는 자는 헛된 망상에 빠져들어 거기서 헤어나지 못한 채 진리에 대한 목마름으로 늘 허우적거릴 수밖에 없다. 그러기에 우리는 먼저 진리가 어디에 자리하고 있는지를 캐물어야 한다.

1. 진리의 내면성

신플라톤주의에 속한 학자들은 진리가 외부세계에 있지 않고 우리 안에 자리하고 있음을 강조했다. 여기서 우리 '안'이란 다름 아닌 사람의 마음이다. 이는 심리적 원리가 아닌 '형이상학적 원리'와 직결된 진리를 향한 플라톤계 위인들의 초대 장소인 것이다.

이는 일체의 제법(諸法)이 그것을 인식하는 마음의 나타남이고 존재의 본체는 오직 마음이 지어내는 것이라고 본 『화엄경』의 "일체유심조(一切唯心造)"의 가르침과 어떤 면에서 일맥상통하는 것이기도 하다.

모든 것은 무슨 마음을 먹고 어떻게 쓰느냐에 따라 달라지겠지만 성인, 성현들에게 있어서는 말할 필요도 없고, 특히 신플라톤주의 학자들에게 있어서 마음은 무엇보다도 진리가 살아 숨 쉬는 공간이었다. 왜냐하면 신이 있는 곳에는 영혼(마음 혹은 정신)이 있고 또 인간 영혼이 있는 그곳에는 신이 살아 있기 때문이다.[1]

이러한 내면성은 주관을 있게끔 하는 동력이다. 어렵게 표현하자면 내성(內省)은 주관의 구성적, 원본적(原本的) 행위인 것이다. 이것은 다른 것이 아니라 나를 나로서 바라보게끔 하는 것이고, 나를 나로서 있게끔 하는 것이다. 이러한 내면성을 두고 존재론적 행위라고 부른다.

이런 내면성은 지성(intellectus)을 의미하기도 한다. 이런 지성이 대상으로 삼는 것은 정신의 빛인 제일진리(prima veritas)다. 왜냐하면 진리를 추구하며 진리와 일치하는 지성도 알고 보면 정신의 빛을 필요로 하는데, 이런 인간 지성의 참 빛이 될 수 있는 대상은 다름 아닌 제일차적인 진리이기 때문이다.

인간 인식은 진리들 앞에서 참 진리가 어떤 것인지를 분간하고자

---

1 당대만 해도 마음, 영혼, 정신, 지성은 지금처럼 날카로운 구별을 통해 제대로 정립된 개념 행세를 하지 못했다. 아우구스티누스에 있어서 마음과 영혼의 개념이 특별한 구별 없이 거의 혼용할 정도였다는 것은 이 사실을 잘 반증해 준다.

한다. 이때 크고 작은 정신의 빛들이 인식 대상으로 지성에 떠오른다. 그것을 지성에 자리하게끔 한 내면성은 자기의식(自己意識, Cogito)을 통해 인식 대상을 구별하는 작업을 한다. 이는 의식의 일차적이며 최고 가는 행위다.

이때 유념할 사항은 사유하는 주관과 제일진리인 하느님은 결코 분리된 실재일 수가 없다는 사실이다. 다시 말해 양자 사이에 거리감은 있을 수도 없고 생각조차 할 수 없다는 것이다. 왜냐하면 내적 인간은 신과 삼위의 모상이기 때문이다.[2] 따라서 이 두 실재를 갈라 놓거나 별개의 것으로 서로 떼어놓고 문제를 다루는 경우에는 여지 없이 오류에 빠지게 된다. 이는 인간 마음이 넓게는 세상을 넘어서서 세상을 있게끔 한 참 존재(Esse)와 일치할 수 있음을 엿보게끔 한다. 동양적인 의미로 말하자면 천의 도와 함께할 수 있음이 성인의 마음이라는 것이다.

『도덕경』의 가르침을 떠올리면 즉시 이 말에 이해가 간다.

> 문을 나오지 않아도 천하를 알고, 들창으로 엿보지 않아도 천도를 본다. 나가는 거리가 멀수록 알게 되는 범위는 작아진다. 그러므로 무위자연의 성인은 가지 않아도 알고, 보지 않아도 환하고, 하노라 하지 않아도 이루어지는 것이다.[3]

---

2 세 위격과 그들의 실체적 일성, 특히 위격이라는 특수한 주제에 중심을 두고 있는 삼위일체는 '자아' 개념을 근본적으로 변화시킨다. 즉 자아 안에는 삼위의 세 위격과 그들의 일체가 반영되며 그리하여 인간은 인격이 된다는 것이다(Cf. G. Reale, D. Antiseri, *Il pensiero occidentale dalle origini ad oggi*, vol. 1, pp.333-334).

이는 중국사상에서 직관적 유심론의 시조가 되는 글귀다. 이 가르침은 역사 안에서 많은 이들로 하여금 감각계나 경험계가 아닌 인간 심부인 내재계로 들어가 거기서 전적인 자리매김을 하도록 영감을 불러일으켜 준 대목으로 널리 알려져 있다.

유학이 감각 경험계의 지식을 중시하고 세속 세계에서 구하는 박학다문(博學多聞)을 그지없이 높이 평가한 것과는 달리, 노자는 이 점을 두고 경고하면서도 도의 체득자의 내면성과 관련해서는 나름대로 그 중요성을 인지하고 다른 어떤 것보다 이 점을 크게 강조했다.

신은 인간 영혼에 반사되고 현시된다. 이런 확신은 성 아우구스티누스 철학에서 영혼과 신이 두 개의 대들보처럼 현시되기도 한다. 따라서 철학한다는 것은 내면성의 진보적 과정 외에 다른 것이 아니다. 이런 내면성은 자기 자신을 극복하는 데 있어서 발전적 과정으로 나타나며 또 초월하게 됨으로써 내면화되는 신비스러운 처소이기도 하다.

여기서 우리는 감각계에 대한 아우구스티누스의 상대적인 관심사가 어떤 것이었는지를 미루어 짐작할 수 있다. 그는 감각계에 대해 언급한 적이 별로 없지만 플라톤에 있어서처럼 그것을 우연성의 왕국이라고 여겼던 게 사실이다.

따라서 철학의 노선은 전적으로 내적이다. 특히 이런 면에서 『고백록(Confessiones)』에 나타난 아우구스티누스의 태도는 그의 외

---

3 『道德經』, 第47章.

적인 면이나 관계를 다룬 자서전이 아닌, 영혼과 의식(혹은 양심)의 사건들을 명백히 들추어내려 한 작품이라 할 수 있다. 왜냐하면 진리인 하느님은 바로 영혼 안에 거하고 있음을 알았기 때문이다.

하느님을 알고 진리를 알기 위해 인간은 자기 자신으로부터 밖으로 나올 필요가 없다. 세계 안에 들어가 그 심부를 관찰하거나 우주의 구석구석을 살필 필요도 없다. 단지 인간 영혼 안에 깊숙이 들어가 침잠하는 것으로 충분하다. 왜냐하면 진리는 시공간이 아닌, 인간 존재 내부에 자리하고 있기 때문이다.

> 밖으로 나가고자 하지 말고 너 자신 속으로 들어가라. 진리는 사람의 마음속에 깃들어 있다.[4]

동양사상에도 비인격적인 속성으로 현시되는 참된 존재와 관련된 진리의 내재성에 대한 가르침은 다양하게 나타나고 있다. 이와 관련된 혜능의 가르침은 다음과 같다.

> 몸 밖으로 구하지 말라. 자성(自性)이 미혹되면 이것이 곧 중생이요, 자성을 깨달으면 이것이 곧 부처다.
> 보리는 단지 마음을 향하여 구한다. 어찌하여 밖에서 구하려고 애쓰느냐.

---

4 *De vera relig.*, c. 39, n. 72. "Noli foras ire, in teipsum redi, in interiore homine habitat veritas…"

의현(義玄) 역시 외부세계에서 진리를 구하지 말 것을 다음과 같이 당부한다.

> 먼저 스스로 믿는 것이 필요할 뿐 밖을 향해 구하지 말 것이다. 너희들이 조불(祖佛)과 다르지 않기를 원하며 밖에서 하지 말라. 너희들의 일념 위의 청정광(淸淨光), 이것이 너희 집 안의 법신(法身)의 분(分)이다.

한마디로 이런 가르침들은 인간이 자기 자신에게로 돌아가라는 명령이다.

무엇보다도 삼위일체 박사(Doctor Trinitatis)인 아우구스티누스의 내면성은 인간이 자기 안에서 신의 초월성을 인식하지 못하고서는 절대로 자기 자신일 수 없음을 지적한다. 이는 마치 소크라테스의 "너 자신을 알라"라는 충고처럼 "자기 자신을 신의 모상(imago Dei)으로 알라"는 아우구스티누스의 놀라운 내면적 초대인 것이다. 이런 의미에서 인간의 사고는 하느님에 대한 기억이며, 그것을 재발견하는 인식은 신적 지성 작용인 것이다.

이런 측면에서 성인은 "참된 철학자는 하느님의 연인이다"라고 말했는지도 모른다. 바로 이 내면성 안에서 그리스도교 정신은 플라톤주의와 새롭게 조우한다.

이렇듯 아우구스티누스는 "신이 있는 곳에 인간이 있고 인간이 있는 곳에 신이 있음(Ubi Deus, ibi homo et Ubi homo, ibi Deus)"을 간파했다. 즉 신은 인간 정신의 내부에 현존한다. 그러기에 인간이 자리한 정상은 다름 아닌 신의 정상인 것이다. 이는 니체가 "권력에의 의지"를 외치면서 무로부터 창조를 요청하여 용기를 얻은 인간이 신의 자리를 대체한 다음 그곳에서 꿋꿋하게 서 있는 모습과는 아무런 상관도 없다. 왜냐하면 그때의 인간은 비록 정상의 자리를 확보했을지언정 신은 이미 사신철학으로 사살당했기 때문이다.

인간은 자신의 기원과 궁극 목적을 알 때에만 참으로 자기 자신이 될 수 있다. 그것은 마치 데카르트(R. Descartes)가 말하는 자기의식이나 야스퍼스(K. Jaspers)의 철학적 신앙 안에 묘사된 초월자와의 만남 형식과 어떤 면에서 흡사하다.[5] 이들 각각의 내면성은 모양이나 색깔만 다를 뿐 그 중심에는 신이 중심적인 위치를 점하고 있음을 알 수 있다.

인간 각자의 삶은 신의 창조적 행위에 그 출발점을 둔다. 또한 인간은 신에게 귀환함으로써 자신의 시간적 과정을 완료한다. 시작과 마침의 분여(分與), 이 두 가지의 극단적인 한계를 마주하며 지상의 삶을 살아가는 인간은 참된 존재와 진선미를 희구하지 않을 수 없다.

이와는 달리 동양적인 가르침은 인격적인 하느님에 대해 무지한

---

5 이러한 내면화 내지 초월은 네 가지 관점을 포함한다(근본적으로 그것들은 모두 동일하다). 우선 신 안에서 존재와 진리의 완전함인 한, 내면성은 형이상학적이다. 그리고 신이 인간 존재와 진리의 원천인 한, 능동적이다. 또 인간이 신과 유사함으로 창조되고 인간 인식의 가치가 신에게서 나온다는 점에서 내면성은 형상적이다. 마지막으로 인간 전 존재가 궁극적 원인인 신을 향하는 까닭으로 인해 도덕적이다. 그뿐만 아니라 다섯 번째 관점이 존재하는데, 그것은 신학적이다. 왜냐하면 여타의 모든 관점들은 구원자(Salvator)이며 초자연적 운명인 신에게로 연장되기 때문이다.

결과로 내면성이 자연과 우주 만물과의 상호관계성 안에서 일치하는 범신론적인 견지로 막을 내리는 아쉬움이 있다.

이런 사상은 주로 노자에게서 유래하는 것으로 왕양명(王陽明)의 다음과 같은 말에도 잘 나타난다.

나의 마음이 곧 사물의 이치다. 처음부터 밖에서 빌려올 필요가 없다. 마음은 곧 이치다. 천하에 또 마음 밖의 일, 마음 밖의 이치가 어찌 있으랴.

육상산(陸象山)도 말한다.

우주는 곧 나의 마음이고 내 마음은 곧 우주다.
만물은 모두 나에게 갖추어져 있다. 다만 그 이치를 분명하게 할 필요가 있을 따름이다.

여기서 우리가 주목할 사항이 하나 있다. 그것은 그리스도교 철학이 진리의 거처를 탐색하는 데에 있어서 참 존재와 하나 되는 인간의 내면에만 국한되지 않고 인간 밖의 세계에도 진리가 존재하고 있음을 가르쳐주었다는 사실이다. 이는 신플라톤주의와 동양사상이 그러하듯 외부세계를 도외시하면서 인간을 안으로만 끌어들여 진리의 처소를 밝히려 한 전적인 유심론의 형태와는 상당한 차이점을 드러낸다. 인간이 신의 모상이라는 것과는 별도로 모든 피조물이 신의 흔적 내지는 발자취(vestigia)라는 그리스도교 전통사상의 심오한 가르침은 그 후 신을 중심으로 하는 범형주의(範型主義) 혹은 모형주의(模型主義, Exemplarismus) 이론 안에 잘 정리되어 나타났다.

이렇듯 그리스도교 사상은 세계 내 소우주(小宇宙, microcosmus)인 인간의 자기의식에 강하게 표출하는 신의 현존을 밝혀내는 일과 실재하는 우주 세계의 표상을 중시하는 가운데 그 안에 새겨진 하느님의 모습을 드러내는 일에 최상의 지혜를 동원했던 것이다.

후자와 관련하여 13세기 아시시의 프란체스코는 그 어떤 철인이나 사상가들보다 앞서 세계 내에 존재하는 신의 흔적이며 발자취인 피조물을 통해 참 존재를 알아보고, 창조물의 품위와 가치를 인정해 준 공로로 위대한 성인으로 추앙받고 있다. 우리는 성인이 남긴 「태양의 노래」를 음미하며 그가 바라본 진리의 처소가 어떻게 외부세계에서 그 아름다운 빛을 더하고 있는지 눈여겨보고자 한다.

2. 태양의 노래

지극히 높으시고 전능하시고 자비하신 주여!
찬미와 영광과 칭송과 온갖 좋은 것이 당신의 것이옵고

홀로 당신께만 드려져야 마땅하오니
지존이시여!
사람은 누구도 당신 이름을 부르기조차 부당하여이다.

내 주여! 당신의 모든 피조물 그중에도,
형제 태양의 찬미를 받으사이다.
그로 해 낮이 되고 그로써 당신이 우리를 비추시는,

그 아름다운 몸 장엄한 광채에 번쩍거리며,
당신의 보람을 지니나이다. 지존이시여!

자매 달이며 별들의 찬미를 내 주여 받으소서.
빛 맑고 절묘하고 어여쁜 저들을 하늘에 마련하셨음이니이다.

형제 바람과 공기와 구름과 개인 날씨, 그리고
사시사철의 찬미를 내 주여 받으소서.
당신이 만드신 모든 것을 저들로써
기르심이니이다.

쓰임 많고 겸손하고 값지고도 조촐한 자매
물에게서 내 주여 찬미를 받으소서.

아리고 재롱되고 힘세고 용감한 형제 불의
찬미함을 내 주여 받으옵소서.
그로써 당신은 밤을 밝혀 주시나이다.

내 주여, 자매요 우리 어미인

땅의 찬미를 받으소서.
그는 우리를 싣고 다스리며 울긋불긋 꽃들과
풀들과 모든 가지 과일을 낳아 줍니다.

당신 사랑 까닭에 남을 용서해 주며,
약함과 괴로움을 견디어 내는 그들에게서
내 주여 찬양 받으사이다.

평화로이 참는 자들이 복되오리니,
지존이시여! 당신께 면류관을 받으리로소이다.

내 주여!
목숨 있는 어느 사람도 벗어나지 못하는
육체의 우리 죽음, 그 자매의 찬미를 받으소서.

죽을 죄 짓고 죽는 저들에게 앙화인지고,
복되다. 당신의 짝없이 거룩한 뜻 좇아 죽는 자들이여!
두 번째 죽음이 저들을 해치지 못하리로소이다.

내 주를 기려 높이 찬양하고 그에게 감사드릴지어다.
한껏 겸손을 다하여 그를 섬길지어다.

세상에는 많은 노래와 시들이 있다. 모든 노래와 시들은 나름대로의 형식과 의미를 내포하고 있다. 심오한 의미를 지닌 노래나 시는 역사의 유산처럼 대대로 전해 내려오면서 사람들의 심금을 울린다.

성 프란체스코가 남긴 글들 중에는 위에 옮겨놓은 유명한 「태양의 노래」가 있다. 이 노래는 역사적으로 가장 아름다운 곡조를 지닌 노래이면서 뛰어난 시로 정평이 나 있다.

역사가들에 의하면 성인은 이 노래를 임종하기 얼마 전에 단편적으로 작성한 것으로 보고 있다. 자연의 아름다움을 마주하며 깊이 있게 그러면서도 의미심장하게 기술하며 노래한 이 가사들은 일종의 명곡이라기보다는 한 편의 주옥같은 시에 가깝다고 할 수 있다.

「태양의 노래」는 무엇보다도 피조물과 화해한 인간의 기쁨을 노래한다. 이 노래는 태양만을 두고 부른 것이 아니라 '피조물의 노래'라고도 불리듯이 그 안에는 온갖 종류의 피조물이 등장하고 있다. 다양한 피조물이 나타나고 있다는 것은 어떤 면에서 세상 만물을 창조하고 섭리하시는 하느님의 발자취가 진리의 처소처럼 거기에 자리하고 있음을 가리킨다. 이러한 의미를 올바로 이해하며 성인의 마음과 하나가 되어 노래한다는 것은 상당한 영적 깊이가 요구된다.

이 노래에는 그리스 철인들이 세계의 근본 구성원리라고 여겼던 물, 불, 공기 그리고 흙과 같은 소재들이 등장한다. 우리는 이 네 가지 요소가 세계 안에 존재하는 모든 것들을 포괄하거나 대변한다는 식으로 이해해서는 곤란하다. 이 노래는 누구나 세계 안에서 쉽게 만나고 체험할 수 있는 자연을 통해 프란체스코가 시적인 형식을 빌려 참된 존재를 찬양한 것이다. 구체적으로 말해 죽음까지도 포함한 자연의 요소들, 용서와 화해와 같은 모든 존재를 빠짐없이 언급함으로써 피조물을 통해 드러난 하느님의 흔적과 발자취를 우주적, 보편적인 차원에서 밝히 드러내려 한 것이다. 그러기에 우리는 고대 그리스 철학과의 연관성을 무리하게 연결지어 이 노래의 본질을 호도해서는 안 된다.

성인은 「태양의 노래」에서 현존하는 우주 세계가 독특하고 필수 불가결하며 존중받고 사랑받아 마땅한 존재들로 채워져 있음을 알린다. 각각의 피조물은 다함없는 찬미의 주체로 그 이름이 하나하나 칭해지고 있지만 이들 이전에 인간과 세계, 나아가서는 하느님이 그 중심축에 자리하고 있음을 넌지시 알려준다. 태양, 달, 별들, 바람, 공기, 구름, 물, 불 그리고 땅 등은 하느님 손길에서 나와 그분을 찬미하는 주체들이 된다. 이 모든 것은 그의 마음속에 이미 충만해 있던 요소들을 외적으로 표출하여 드러내게끔 한 초대였고 동기로 작용했다.

성인은 거대한 우주의 신비스러운 조화와 아름다움에 대해 주변에서 쉽게 만날 수 있는 지극히 평범한 대상들을 통해 그것을 표현하고 싶어 했다. 이는 세상에서 그가 느끼고 체험한 경이로움과 신비로움을 가난하고 단순한 마음, 그러면서도 한없이 넓은 마음으로 마주한 결과물이었다.

사상가들은 이 피조물의 노래에서 중세사상과의 연관성을 찾아 얻어내려고도 했다. 그렇지만 그런 시도는 이 노래 안에 나타나는 프란체스코의 정신을 왜곡시킬 수 있는 소지가 있다. 왜냐하면 성인은 이 노래에서 사상가들이 눈여겨보는 신앙과 이성에 대한 가르침을 넘어서서 자신의 깊은 영적인 지평에서 새롭게 편집한 시와 음악성을 추가로 덧붙여 노래했기 때문이다.

「태양의 노래」는 어떤 특수한 장소나 결정적인 순간에 영감을 받아 만들어진 것이 아니다. 이 노래는 늘 그러했듯 그의 넓은 마음이 마주하던 우주 전체를 화해와 기쁨, 해방과 시화된 인격성으로 잔잔하게 표출해 낸 것이었다.

우주적 형제애! 피조물의 노래가 담고 있는 이 메시지는 죽음까지도 존재를 파괴하는 개념으로 보지 않고 우주 안에 숨 쉬며 살아 있는 실재, 즉 우주의 한 구성적인 요소로 받아들였다. 그러기에 무시무시한 죽음도 그에게는 현존하는 기꺼운 자매였다. 이렇듯 성인은 「태양의 노래」에서 존재하는 모든 것을 필수불가결한 것으로 바라볼 뿐, 결코 파괴나 악의 탈을 뒤집어쓴 불순한 존재로 여기지 않았다.

그에게 만물은 선한 것이며 나름대로의 가치와 품위를 지니고 있었다. 모든 것은 재창조의 일환인 하느님의 섭리로 다스려진다. 이런 강한 믿음은 이 노래 밑바닥에 진하게 깔려 있다. 스스로를 개방하고 내보인 결과 그의 마음에는 신적이며 인간적인 지평이 마련되고, 존재하는 모든 것은 하느님의 흔적으로 한결같이 투명한 것이 되어 그에게로 다가왔다.

프란체스코는 모든 피조물을 형제, 자매라 불렀고 아무도 감지할 수 없는 탁월한 방식과 예민한 감성 그리고 너그러운 심성으로 사물들의 숨겨진 비밀을 간파하였다. 그는 각각의 피조물을 인격화하고 또 인간화된 모든 것을 신명을 다해 사랑했다. 그는 이 모든 것을 어떤 영웅심에 사로잡혀서가 아니라 자연스럽고 단순하며 자발적인 태도로 그렇게 했다. 또한 그는 아무런 가식 없이 대자대비한 마음으로 피조물을 대했으며 우주적인 화해를 통해 만물을 순진무구함의 상태로 되돌렸다.

삶을 하느님의 선물로 받아들이며 깊이 있게 살았던 성인은 이런 감사의 정을 모든 존재들에게 전하지 않을 수 없었다. 그렇게 해서 같은 아버지 손에서 나온 존재들은 그분과 함께 강한 형제적 사슬로 묶여 하나가 됨을 느꼈다. 이런 믿음은 역사 이래 신을 정점으로 피조물이 피라미드 식으로 하부에 배열되는 모형주의(模型主義)의 한 축으로 자리 잡기에 이른다. 「태양의 노래」는 이 같은 사상 이전에 믿음을 노래한 가장 아름다운 시로 오늘도 우리의 귓전에서 맴돌고 있다.

제 2 장

진리를 향한 열정:
플라톤 계열과 아리스토텔레스주의 중심으로

"그것 때문에 살고 또 그것 때문에 죽을 수 있는 진리"가 있고 또 그것을 발견한 경우라면 세상에 부러워할 것이라곤 아무것도 없을 것이다. 수많은 사상가들이 이 같은 진리를 찾아 탐구술을 펼쳤고, 성인들과 도인들은 목숨을 다해 그렇게 힘들게 찾아 얻은 진리를 수호하며 사랑했다. 우리도 생사가 달린 그런 진리를 발견하고 삶을 펼칠 수 있다면 얼마나 좋을까!

소크라테스는 자신과 진리에 대한 지식에 도달할 목적으로 대화법을 사용했다. 그는 일상생활에서 일어나는 사실에 대한 관찰에서 출발, 구체적이며 우연적인 사례에서 일반 원리를 구성하는 것이 점차로 가능한 경우, 사물에 대한 정의(definitio)와 의로움(justitia), 거룩함(sanctitas) 혹은 경건성이 무엇인지에 대해 캐물었다고 한다. 놀라운 일이다.

소크라테스 이전에는 그 누구도 자신의 심부로 들어가 '내면성 (interioritas)'에 대한 심오한 관찰을 한 사람이 없었다. 이전의 그리스 철학자들이 모두 자연으로 눈을 돌려 사물들을 관찰하고 외부 세계에서 진리를 구하고자 했다면, 소크라테스는 그리스인들 중 최초로 주관의 세계를 중시하고 그 안에 자리한 내밀한 참된 요소가 무엇인지를 살피고 밖으로 끌어내려 한 희대의 위인이었다.

이렇듯 외적이고 경험적인 세계와 관련하여 개별적인 것에서 보편적인 것으로 나가는 원리를 구사한 소크라테스를 두고 사람들은 구체적인 것의 발견자로 간주했고 논리학의 창시자로까지 여겼다.

그렇지만 그가 그렇게 한 것은 어떤 논리적인 정의에 정확하게 도달하기 위해서라기보다는 자신의 제자들을 도덕적인 반성으로 이끌기 위해서였다. 이렇듯 그는 논리적인 것과 관련해서는 자신의 탐구 영역을 제한하고자 했다.

소크라테스에 있어서 진리의 탐구 과정은 무엇보다도 고유한 양심에 관한 엄격한 반성이며 동시에 삶의 실재에 관한 관찰이었다. 그는 인생의 프로그램과 교육 목표로 델포스 신전의 내용인 "너 자신을 알라(gnothi seauton)"를 확고히 해야 할 요청에 응답해야 했다. 이 '내면성'을 발견하면서 그는 인간 사상사에서 새로운 길을 모색하기에 이른다.

플라톤은 소크라테스의 발자취를 따라 지적 존재를 긍정함으로써 상대적 진리관에 빠져 있던 소피스트들의 회의론을 극복한다. 그에 의하면 참된 지식은 가시계(可視界)가 아닌 다른 곳에서 탐구되어야 한다. 이런 면에서 플라톤은 소크라테스를 넘어서 자신의 고유한 체계를 구축하고 확장시켜 나갔다.

소크라테스에게 있어서는 감각작용으로부터 귀납적인 개념을 가꾸어 나갈 수 있는 확신이 있었던 반면, 플라톤에게 있어서는 그렇지가 않았다. 즉 불변적, 영속적, 보편적인 것은 변화적, 우연적, 개별적인 것에서 나올 수 없었다. 궁극적인 관점에서 바라볼 때 더 큰 것은 더 작은 것에서 나올 수 없기 때문이다. 따라서 플라톤의 탐구방식은 소크라테스의 방식과는 시각의 각도를 달리했다.

이와 관련하여 아리스토텔레스는 플라톤보다는 소크라테스에게 더 충실했다. 플라톤이 그림자 세계인 현실계의 참된 이데아를 직관하는 것이 그가 한결같이 지향한 본질철학으로 나타났다면, 아리스토텔레스는 이상계가 아닌 현실계의 생생한 문제에 더 관심을 둔 존재철학을 시도하여 각각은 서로 다른 계열의 학풍을 이끌게 된다.

아리스토텔레스는 추상작용에 관한 이론으로 지성작용이 감각작용에 그 기원을 두고 있음을 보여주었다. 그것은 개별적이고 우연적인 것이 어떤 면에서는 보편적이고 필연적인 것을 포함하고 있다는 근거에서 비롯된다. 이는 이후에 펼쳐질 서구사상의 보편문제와 존재론의 기본적이며 핵심적인 요소로 작용하게 될 것이었다.

신플라톤주의 계열인 아우구스티누스는 정신적 존재인 주관에서 존재를 직관할 수밖에 없는 사유의 활동인 지적 실재를 증명해 냄으로써 진리의 실체를 거부하는 아카데미파의 회의론을 무너트릴 수 있었다. 이러한 의미에서 아우구스티누스는 "그리스도교의 플라톤"이라고 불린다.

말할 필요도 없이 그는 아테네 스승인 플라톤과 아는 사이는 아니지만 신플라톤주의적 분위기에 젖어 있었던 것만큼은 확실하다. 플라톤과의 가장 커다란 유사점이 있다면 철학을 'scepsi', 즉 탐구로 개념한 데에 있다.

사실 아우구스티누스도 플라톤과 마찬가지로 일단 진리를 탐구하고 또 거기에 도달하기 전까지는 계속해서 '대화한다(dialoga).' 왜냐하면 그에게 있어서 진리는 발견하는 것이지 창조하는 것이 아니기 때문이다. 실상 진리는 우리가 발견하기 전에 이미 그 자체로 존재한다는 것을[1] 성인은 누구보다도 익히 알고 있었다.

아우구스티누스에 의하면 진리를 발견하고 그것을 자기 것으로 한 다음에는 그것을 심화시켜야 한다. 왜냐하면 진리는 결코 결정적이거나 결말적인 것이 될 수 없기 때문이다. 이런 의미에서 그의 저술들은 내면에 자리한 비가시적인 신의 현존 앞에서 '그분'과 가졌던 대담으로 구성된 전적인 『고백록』과도 같은 것이었다. 그뿐만 아니라 그의 삶은 계속적인 진리 탐구의 여정이었고 그의 탐구생활은 생애 전반을 가로지르는 진리에 대한 열정으로 충만했다.

아우구스티누스가 마주하던 헬레니즘 분위기와 로마적 기질 및 교육, 특히 그리스도교 사상의 뛰어난 윤리적인 성격은 그의 사상에 실천적인 어조로 나타나고 있다. 그에게 철학한다는 것은 자기 안에 진리를 받아들이는 것이고 영혼(anima)과 신(Deus)에 관한 지식을 획득하는 것이었다. 이렇게 볼 때 소크라테스 이후 아우구스티누스

---

1 Cf. *De vera relig.*, c. 39, n. 73.

를 거점으로 한 서구철학은 대화를 통해 진리를 발견하고 획득된 진리를 윤리적, 실천적으로 접근하여 삶 속에서 꽃피워 내는 작업을 조금도 소홀히 하지 않았다.

특히 성 토마스 아퀴나스는 13세기 이전의 철학과 당대의 사상을 종합으로 이끈 인물로도 유명하다. 그는 이론과 실천이라는 양면성을 자신의 철학에서 하나로 묶어 완성으로 이끈 천재이기도 하다. 일치와 종합의 학인 지혜(sapientia)의 철학은 아리스토텔레스의 가르침을 이어받아 탐구 행위가 실제적인 것의 전체성을 관류하며 모든 것을 인식하는 방식으로 나타났다.

> 지혜는 일차적이고 보편적인 원인들을 고찰하는 학이다.[2]

아리스토텔레스의 정신이 담겨 있는 이 정의는 최고로 정밀하게 스승이 추적해 낸 철학적 구분에 대한 서언과도 같다.[3] 지혜 안에서 구분된 철학은 다음과 같다. 사변철학은 물리학과 수학 그리고 형이상학을 포함한다. 이는 실재적인 것을 추상적인 형태에 기초하여 구분한 것이다. 이와는 달리 실천철학은 논리학과 윤리학 그리고 예술철학이 있다. 이렇게 다양한 학들로 구분되는 철학은 종합적인 학으로 통합적인 정신을 요청한다. 모든 것을 완벽하게 종합해 내는 토

---

2 *Metaph.*, I. 2. "Sapientia est scientia quae considerat primas et universales causas."
3 Cf. *Ethica, ad Nic.*, 1, 1.

마스는 명백하게 또 반복해서 아리스토텔레스에 대한 종속성과 그에 대한 충실성을 가감 없이 드러낸다.

위대한 그리스 철학자가 잘못 인식되고 단죄되었을 때, 그는 전통과 아랍인들로 인해 기형화된 가르침과 아리스토텔레스의 오류 자체를 넘어서 아리스토텔레스의 학설의 놀라운 천재성과 화해하는 방식을 익히 알고 있었다. 그는 이러한 조화를 위해 일했고 그로 인해 아리스토텔레스는 그리스도인이 될 수 있었다.

> 아리스토텔레스의 학은 토마스주의의 사변을 통해, 즉 우연적인 방편이나 인위적 각색을 통해서가 아닌, 사상체계의 심부 자체 안에 이끌어져 그 모든 부분들에 있어서 엄밀한 논리로 발전된 유일하고 단순한 원리로부터 비롯된 근본 혁신을 통해 교의적인 모든 요청들에 부합하며 융통성 있게 길들여졌다.[4]

이렇게 해서 이론적 철학자 아리스토텔레스는 실천적, 신학적 위인으로 재탄생할 수 있었고 그리스도교 사상가가 될 수 있었다.

이 같은 위업을 달성한 성 토마스에게 있어서 진리는 어떻게 말해지고 있는가? 앞에서도 말했듯이 그에게 있어 진리는 지성 안에 있으며 또 진리라고 말할 때는 지성이 인식의 대상이 되는 외부 존재와 일치하는 것이었다.

---

4 N. Abagnano, *o.c.*, p.451.

진리와 관련하여 신적 지성과 관련된 어떤 사물들이 말해지는 경우, 지성은 필히 사물들에게 속하게 된다. 이유는 사물들이라고 할 때에 그것들을 산출하고 또 그렇게 존재하게끔 해주는 신적 지성작용이 없이는 사물들이 영속적으로 존재할 수 없기 때문이다. 인간 역시 피조물의 이 같은 공통조건을 피해 달아날 수 없다. 물론 인간은 때때로 완전히 자치적이고 자기 충족적인 경우가 있기는 하다. 그렇다고 해서 앞에서 언급한 피조물의 상황을 탈피할 수는 없는 일이다.

진리가 근원적으로 지성 안에 있다는 명제는 일차적으로 진리가 신적 지성과 관련되는 것으로 이해되어야 한다. 실지로 진리는 "완전히 신적 지성과의 연관 하에서 그리고 난 다음 인간 지성과 관련하여 사물들 안에 주어진다. 왜냐하면 신적 지성은 원인인 반면, 인간 지성은 사물들의 앎을 수용한다는 점에서 결과가 되기 때문이다. 그러므로 모든 사물은 근본적으로 신적 지성과 관련을 맺을 때에만 참되다고 말해진다."[5]

모든 유의 존재에 속한 하나의 고유성(proprietas)인 사물들의 진리,[6] 다시 말해 창조된 지성의 진리는 아우구스티누스가 그렇게 부르길 좋아했듯이 완전히 무한한 진리(Veritas), 즉 진리이신 하느님(Deus veritas)을 분여(分與, partecipatio)하는 것이다. 우리는 사물들이 그렇게 존재하는 고로 그것들을 인식한다. 그러나 사물들은

---

5 *De Veritate*, q. 1, a. 4.
6 *Contra Gentiles*, I, cap. 60.

그분(Tu)이 그것들을 아시는 고로 존재한다. 모든 진리는 그 원리인 본질을 통한 진리, 즉 순수 지성(intellectus purus)이며 기체적인 존재 자체(Ipsum esse subsistens)이고[7] 최상의 가지적 진리인 신에게 인도된다.

영속적 존재인 신은 절대적으로 강력하여 순수한 모든 초월적 완전성을 자기 안에 다시 모아들인다. 신은 선(Bonum)이며 일성(Unitas)이고 아름다움(Bellum)이며 이런 존재들이 지닌 특성들의 완전한 충만함 속에 자리한 진리다. 신은 영(spiritus)이고 스스로 완전하게 된 인식이며 전적인 자기 투명성이다.

신적 지성 안에서 인식 대상은 지성과 동일시된다. 즉 거기에는 일차적이며 최상적인 진리가 존재한다.[8] 신은 모든 진리의 원천인데, 이유는 신이 만물의 존재 원리이기 때문이다.[9] 만물은 유일한 신적 진리로 인해 참되다.

그러기에 우리는 이렇게 말할 수 있다. 존재 세계에는 많은 유들이 있다는 것이고 다수의 지성들은 그러한 유들을 인식한다는 사실이다. 다수의 유가 존재한다는 것은 그만큼 많은 진리가 있다는 것과 같다.

그런데 인간 지성의 과제는 본질에 있어 일자(一者)의 진리에 접근하려는 목표로 늘 새로운 진리를 찾아 얻으려 한다. 결국 우리의

---

7 *Lectura in Evangelium Johannis*, cap. 18, lect. 6, n. 11.
8 *Contra Gentiles*, I, cap. 62.
9 *Ibid.*, cap. 1.

탐구는 이 일자의 진리 안에서 끝맺게 될 것이다.

이와는 달리 근세철학의 창시자인 데카르트는 옛 철학에 반대되고 실재에 더욱 접근하게끔 시대가 용인한 미증유의 철학적 요청에 새로운 정신으로 응답하고자 했다. 그는 당대의 철학에 돌려진 공허함과 비생산성이라는 고발에서 벗어나고자 철학의 고유한 특성에 부과된 보편지식과 확실성 그리고 객관성을 열망했다.

> 모든 철학은 하나의 수목과도 같다. 그 나무의 형이상학은 뿌리이며 물리학은 줄기이고 모든 다른 학들은 그것에서 싹트는 가지들과도 같다.

목표에 도달하기 위해 그는 철학과 수학의 종합을 위해 일하는 것이 필요하다고 판단한다. 수학 안에서 철학은 내용을 구성하고, 수학은 유일하게 의심할 수 없는 원리로부터 연역과정을 통해 실재의 형이상학적 본성을 드러내는 형식을 이끌어낸다. 이러한 방식에서 앎의 일치가 재건될 것이었다.

이런 일치는 중세적 백과사전에서는 창조된 것의 통일성 안에서 보장되었다고 그는 보았다. 지금까지 창조된 것의 등급이 신학 안에서 절정을 이루는 학문의 위계질서로 표출되었다면, 이제 앎의 통합은 학의 형상적 구조, 즉 방법의 동일성 안에서 구론되어야만 한다.

여기서 데카르트에게 부과되는 이중적인 필요성이 제기된다. 즉 방법의 공식화(계통적 서술)와 과학적 가치를 지닌 형이상학의 힘을 빌려 물리학에 의해 구축된 세계에 대한 시각을 완성시키는 일이다.

아우구스티누스에게서 상당한 영향을 받았다고 여겨지는 데카르트는 방법적 회의와 자기의식의 직관적 발견을 통해 새로운 진리관을 수립하기에 이른다.

그럼에도 그는 전통적 형이상학에 대한 은근한 거부로 정신과 육체의 분립을 자초했고 이로 인한 이원론으로 그는 일생을 두고 몸살을 앓았다. 이는 분명 직관 중심의 이데아를 중시하고 감각계를 참된 것으로 보지 않았던 플라톤적인 요소가 강렬하게 내재된 사고의 필연적 결과였다. 일방적 의식의 선차성 내지 우위성은 이성지상주의라는 정신계의 확충을 도모했을지언정 자기의식을 떠나 있는 것들과는 대립각을 세움으로 인해 타자(他者)와 같은 상대들과는 끊임없는 모순 속에 투쟁을 일삼는 초유의 사태를 몰고 왔던 것이다.

이상에서 우리는 위대한 철인들의 진리 탐구의 면면을 살펴보면서 애초의 의도나 방법의 차이점이 얼마만큼 색다른 결론을 유발할 수 있는지에 대해 유의하였다.

진리는 단순히 보편적, 초공간적, 구체적, 불변적, 절대적인 것만으로 충분한 것이 되지 못한다. 진리는 무엇보다도 총체적이고 통합적이어야 한다. 그렇지 않으면 진리는 단편성에 머물고 그런 편협한 진리에 머문 철학은 제대로 수명을 다하지 못한 채 사그라지고 만다. 그러니 올바른 진리를 추구하며 산다는 것이 얼마나 어렵고 소중한 것인지를 다시 한 번 염두에 둘 필요가 있다. 이렇듯 올바른 진리를 찾고 발견하며 생활화한 사상가들 중에서 우리는 누구보다도 현대사상을 새롭게 개척한 에디트 슈타인(E. Stein)을 머리에 떠올리지 않을 수 없다.

20세기 초반의 가장 위대한 인물 중 하나로 기록되는 여성 철학자이며 가르멜 수녀였던 에디트 슈타인은 진리를 탐구하고 수호하는 일에 일생을 바친 성녀로 유명하다.

슈타인은 하이데거, 메를로 퐁티와 같은 사상가들과 견줄 수 있을 만큼 당대 최고의 사상가였으며 나치 치하의 수용소에서 목숨이 다할 때까지 기도와 집필 활동에 전념한 하느님의 사람으로 잘 알려져 있다. 나아가서 그녀는 죽기까지 이웃을 위한 열정 어린 사랑을 불태우면서 이론을 실천으로, 지성을 구체적 삶으로 퍼 나르는 데 최선을 다한 세기의 여장부이기도 하다.

젊었을 때 자신의 생각과 사상에 매료되어 한때 무신론자를 자처하기도 하던 슈타인은 현상학으로 무르익은 자신의 최고 지성을 성토마스 철학에 접목시켜 본질에서 존재 문제로 접근했고 새로운 진리 탐구에도 치중했다. 그뿐만 아니라 성녀 대 테레사의 자서전을 접하고서는 "이것이 바로 진리다"라고 외치면서 전에 듣지 못한 영성과 지혜에 찬탄을 보내며 철학에서 신학, 신비론으로 직행했다. 이 모든 것은 하느님이 예정한 미래의 홀로코스트에 대비한 완전한 봉헌생활의 전초전이었다.

그는 유대인이었기에 가톨릭으로 개종한 다음 있을 수 있는 온갖 오해를 그리스도의 십자가의 신비와 기도 안에서 완전히 불식시킨 인물로도 유명하다. 그뿐만 아니라 성녀는 가톨릭과 유대교의 통합을 자신의 봉헌생활에서 간절히 원의하면서 유대인 가족들 및 민족들과의 사이에 있을 수 있는 불화를 극복하고 그리스도의 고통과 사랑 안에서 두 종교의 일치와 화합을 이끌어낸 희대의 천재적 성녀로 존경을 받고 있다.

이렇듯 지성 자체에 함몰되지 않고 자신의 종교에 매몰되지 않으면서 앎을 실생활과 일치시키고 타 종교에 대한 적극적인 배려와 이해심을 통해 민족들의 화해를 추구한 성녀는 우리가 어떤 방식으로 진리를 찾고 살아야 하는지를 잘 보여준 모범적인 인물이라 할 수 있다.

부분적, 편파적, 일시적, 세속적, 추상적 진리가 아닌 통합적 진리가 요구되는 때다. 이런 진리는 단순한 사변과 지성으로만 짜여 전개되는 사상체계가 아니라 총체적 인성과 심성, 영성이 동원되어 지덕합일의 몸체로 생활화될 수 있는 지혜가 충만한 가르침이어야 한다.

모든 것이 부속화, 부분품화, 종속화, 익명화되고 있는 이 시대가 주체적이고 상호관계적이며 글로벌한 인격체로 성장한 지성과 의지의 소유자를 간절히 필요로 하는 것도 바로 이런 이유에서다.

제2부

존재의 근거

제 3 장

존재의 근거 I: 나는 어디에서 왔나?[1]

과거에 없었던 '나', 그리고 미래에 이 세계에서 존재하지 않을 '나', 이런 나는 도대체 어디서 온 것일까?

인간의 기원과 관련된 이 물음은 단순히 진화론적 혹은 생물학적 계보와 관련된 단순한 물음에 그치지 않는다. 나의 존재의 근거를 묻는다는 것은 인간 지성의 궁극적인 물음인 동시에 인간 존재를 근원적으로 정초케 하는 탐구 작업인 것이다.

인간 사유가 궁극적으로 '존재' 문제와 만나는 것은 철학적 지성의 숙명이기도 하다. 여기서 말하는 존재란 서구의 전통 형이상학이 깊숙하게 다루었던 문제이고 존재자(存在者)에 관한 것이며 개별적

---

1 이 글은 서강대학교 목요신학강좌에서 강의한 내용을 발췌, 요약한 것이다.

이고 유한한 모든 것들까지 포함하는 것이다. 그러면서도 모든 학문들, 예컨대 생물학, 천문학, 의학까지도 포함하는 보편적이고 필연적인 개념이다.

우리는 이 문제를 다룸에 있어서 존재와 관련된 전 서구적인 개념을 전부 다 나열할 필요는 없다. 단지 이 문제는 '형이상학의 가능성을 타진하는 것'과도 같은 것이기에 자칫 존재 탐구를 벗어나서 이룩해 온 인간 지성의 다양한 업적들을 거부하는 위험성에 빠지지 않도록 주의하면서 몇 가지 관점에서 문제의 본질을 이성적이면서도 신앙적인 관점에서 접근하는 것으로 충분하다고 본다.

그렇다면 주제와 관련하여 말해지는 존재론적 의미로서의 근거(根據)란 무엇을 의미하는 것일까? 그것은 사물들의 우연성에 대한 제일원리이며 근본적인 실체라고 할 수 있다. 특히 근대사상 안에서 원리는 실체(實體, Substantia)를 뜻하기도 했다. 그렇지만 이러한 해석은 고대 혹은 중세적인 의미의 다양성과 부요함이 약화된 것이었다. 예컨대 흄(D. Hume)은 실체의 가치를 부정한 결과 그 안에서 유효한 근거를 바라보지 못했고, 이는 칸트 사상에도 직접적인 영향을 미쳤다. 경험주의와는 아주 다른 의미로 로스미니(Rosmini)에게 있어서의 실체는 이념적 존재에 대한 이념의 규정인 한에서 그 근거가 말해졌다.

근거에 대한 현대적 연구는 하이데거(M. Heidegger)에게서 발견된다. 그에게 초월은 존재의 즉각적인 근거다. 이것은 대치할 수 없는 본질적이고 필요불가결한 것이다.

신앙인에게 있어서 존재의 근거는 제일원리, 제일원인과 같은 철학적 의미를 포함하는 절대자, 곧 신이다. 이 점을 가장 극명하게 드러내주는 성서 구절은 야훼 하느님이 모세를 이집트에 파견하실 때 자신을 두고 "나는 곧 나다(Ego sum qui sum, I am who am)"라고 말씀하신 사실이다. 이로써 야훼는 자신을 현존하는 자로 계시한다. 이 존재는 플라톤이 말하는 불변의 존재이며 모든 가변적인 존재들의 원천이다.

아우구스티누스 사상에 의하면 이러한 존재 안에서는 사는 것, 아는 것, 행복한 것은 서로 동일하다. 이러한 신관은 플라톤주의의 신관으로 그리스도교 사상의 한 주류로 자리하고 있다. 그리고 그러한 신은 '나'를 포함하여 모든 것의 조물주이며 자신의 존재를 위해 다른 어떤 것도 필요치 않는 존재 자체(Esse ipsum)다.

신앙인은 자신의 존재가 하느님에게서 주어졌음을 고백한다. 그리고 인생이라는 것은 자신에게 거저 주어진 크나큰 선물이고 은총임을 확신한다. 이 은총 안에서 인간 역사를 구체화하는 모든 것이 실현된다. 그는 모든 것이 하느님에게서 나왔고 마침내 하느님에게로 돌아가리라는 것을 믿고 산다.

그렇지만 회의주의, 패배주의, 비관주의 그리고 물질주의, 현실지향주의가 팽배하고 난무하는 오늘의 세계에서 존재의 근거 문제를 제시하고 밝히는 일은 그리 쉬운 일이 아니다.

많은 사람들은 이러한 문제가 이미 박물관의 골동품이나 다름없는 구시대적인 발상이라고 투덜대며 폐기처분해야 할 요소라고 목소리를 높이기도 한다. 이는 인간 의식의 전통적인 개념을 거부하고 의식의 형이상학적 우월성을 쇠퇴시킨 데서 그 원인을 찾을 수 있으며, 실용성과 실증성이라는 현대의 학문적 마약에 노출된 데서 그 확산의 위험을 볼 수 있다. 그뿐만 아니라 세계로부터 점차 고립되어 온 인간 개념을 거부하는 데에 그 주요 원인이 자리하고 있다 하겠다.

고독해진 인간, 그 유일한 실재가 더 이상 참된 인격적 실체로 인정되지 않는 오늘의 현실로 말미암아 이 사회는 인간성의 상실이라는 비극적인 운명에 처하기에 이르렀고, 이러한 존재의 근거 역시 유야무야 비합리적인 이념의 대상물로 취급하기에 이르렀다.

오늘의 이 사회를 진단하면서 '이념의 옷'을 벗긴다는 것은 우리가 인간화로의 진정한 출구를 찾는 계기가 될 뿐 아니라 모든 것에 존재를 부여하는 창조자, 신에게 이를 수 있는 계기가 된다. 그렇게 하기 위해서는 잡신에 대해서는 너무나 노숙하고 참된 신에 대해서는 지극히 조숙하기만 한 이 시대 사람들의 눈길을 벗어나 자기 내면의 깊숙한 세계로 들어서야만 한다.

신에게로의 귀환은 정화(purificatio), 조명(illuminatio), 완성(perfectio)의 길이다. 수덕학과 신비신학에 속하는 이러한 개념은 아래에서 위로 향하는 고차적 존재의 상승(上昇)의 길인 것이다.

삶이 하느님께 다다르는 사다리라면, 나는 나의 주관으로 돌아서야 한다. 여기서 말하는 주관은 이념적 요소가 아니다. 그것은 참된 나, 하느님을 만날 수 있는 거처로, 다름 아닌 인간 영혼인 것이다. 왜냐하면 인간(영혼)이 있는 곳에 신이 존재하기(Ubi anima, ibi Deus) 때문이다.

한마디로 말해 진리와 하나 되기 위해서는 무엇보다도 내밀한 정신과 합일하는 것이 요청된다.

이는 오늘날 이 세계에 홍수처럼 범람하는 회의주의와 중대한 각종 위험성으로부터 우리 자신을 다시 발견하게끔 하는 자기이해(自己理解)인 것이다. 또한 그것은 지금에 와서 사물화되고 붕괴된 주관성의 지향적인 활동을 촉구함이며, 이에 성실히 임할 때에는 창조성으로의 호출로 필히 이어지게 된다. 이때 그의 눈앞에 펼쳐지고 있는 삶은 이질적인 것으로 보일지 모르지만 정상적인 인간이라면 누구나 이를 외적인 것과 통합하려 무한히 노력한다. 사실 인간의 정신적 삶은 그의 존재 내부에 국한되지 않고 어떤 면에서는 필히 외부로 향할 수밖에 없기 때문이다.

소유의 도시를 참으로 힘들게 건설한 자는 이 물질의 도시가 자신의 본성적, 인위적 요구를 어느 정도까지 만족시켜 주고 있는지 그리고 자신이 목표로 세운 최선의 삶을 이룩하는 데 있어서 어느 정도 도움을 주고 있는지 면밀히 분석해야 한다.

그럴 경우 그는 필연적으로 소유에서 존재로 이전할 필요성을 느낀다. 왜냐하면 소유는 참된 미래 건설을 위한 조건은 되지만 그 조건은 근원적으로 참된 존재자에게 소급될 수 없는 물질이라는 한계성을 지니고 있기에 그 상태에서는 자신도 모르게 무언가 상위적인 것을 그리워하기 때문이다. 존재의 도시에서 인간은 소유의 도시 안에서는 결코 이룩할 수 없는 최대한의 자유와 창조성 그리고 독창성을 표현할 수 있다.

사실 인간은 원천적으로 이러한 요소들을 표현하고 살아가기를 원의하는 존재다. 그렇지 않은 경우 인간은 언제나 계속해서 마셔도 끊임없이 목이 마르기만 한 일상의 음료에 지쳐버릴 수밖에 없을 것이다.

생명수의 참된 의미를 알려주시는 하느님, 그러한 신만이 우리를 구원해 줄 수 있다는 가르침은 하느님 중심주의 내지는 목적주의를 지니고 인간이 세상을 살아가야 함을 말해 준다. 왜냐하면 원초적, 본래적으로 신의 모상인 '나'의 존재는 그분과의 절친한 관계를 설정하지 않고서는 어느 한순간도 그 우연성을 지탱시켜 나갈 수 없기 때문이다.

오늘날 다양한 학문의 위기는 밀폐된 칸막이 안에서 자기 왕국을 건설해 나가는 가운데 학문의 본래적 의미를 상실하고 전문화를 꾀하는 데 있다. 이러한 학문과 기술은 인간 세계를 발전시키고 윤택한 삶을 살아가게끔 하는 데에 있어서 어느 정도 도움은 될 수 있겠지만, 그렇다고 해서 그것들이 인간 정신과 영혼을 구원해 주는 절대적인 주체가 될 수는 없는 일이다.

지금까지 인간의 사고방식과 느낌방식 그리고 행동방식을 바꾸어 놓는 데에 있어서 막강한 영향력을 행사한 지식의 위력을 간과할 수는 없다. 그렇다고 해서 소유의 세계와 향방을 함께한 학(學)의 세계의 위험성을 직시하지 않고 그저 자기 식의 참된 지혜를 갈구한다면 그야말로 자신도 모르는 사이 이차적이고 후차적인 것에 전락하고 마는 우를 범하게 될 것이다.

기술문화와 과학문명에 젖어 하늘을 멀리하고 지상에 안착하기만을 고대해 왔던 '나', 이제는 천상계를 향해 머리를 들어 높일 때다. 그리고 정신의 날카로움에서 해방된 따스한 마음에서 지혜와 참된 종교를 발견할 수 있다는 신념을 굳혀야 한다. 이는 참된 실체를 포착하지 못하는 불우한 정신을 다시금 일깨워 삶의 근원을 발견하고 자신의 기원인 신 존재가 살아 있음을 깨닫는 일에 최선을 다하는 일이다.

마지막으로 시간과 관련된 종말은 본래적인 기원과 전적으로 반대되는 방향에 위치한 것이 아니라 결정적으로는 기원으로의 복귀라는 사실을 망각해서는 안 된다. 미래는 과거와 동떨어진 실재가 아니다. 미래는 일자이며 절대존재인 신의 손아귀로 돌아가는 결정적 순간이다. 그 시간은 존재의 기원으로 회귀하는 과거의 미래로 늘 살아 숨 쉬고 있는 최고의 가치 있는 순간들임을 잊어서는 안 된다.

제 4 장
존재의 근거 II: 시대적 삶에서 영적인 존재로

삶은 아름답다. 인간은 이런 미적인 삶의 존재다. 더구나 삶을 더 아름답고 부유하게끔 뒷받침해 주는 문화는 특별한 가치를 지니고 있다. 그러기에 문화가 배제된 자연은 단순한 자연이 아닌 고통스러운 정글일 뿐이다.

그렇다고 해서 문화가 생의 목표나 정점일 수는 없다. 왜냐하면 문화만을 전적으로 지지하고 문화지상주의에 빠져들게 되면, 자칫 시대의 흐름에 매료되어 '자기존재(自己存在)'의 출처에 대해 무지하거나 자연현상에 역행하는 삶을 사는 우를 범할 수도 있기 때문이다.

지금 세상은 특별히 소비문화라는 인간의 제어되지 못한 욕망 앞에 미쳐 날뛰고 있다. 특히 파괴와 훼손의 대상인 자연은 생산주의와 소비주의에 볼모로 잡혀 있으면서 신음 중에 연일 고통을 호소하고 있다.

얼마 전까지만 해도 DNA, 디자인(design), 디지털(digital)이라는 신 3D 산업이 21세기 지식 집약적인 고부가가치 산업으로 각광을 받으면서 최고의 인기 차트에 오른 적이 있다. 요즘 와서 약간 시들해진 감이 없지 않아 있지만, 어쨌든 이런 산업의 형태는 하나같이 고단위 소비 패턴을 지향하는 데서 발생했다.

보이지 않는 곳까지 파고들며 생산활동을 최첨단화, 가속화하는 현대 물질문화의 발전상은 비인간화와 심각한 지구 환경의 오염을 유발할 뿐만 아니라 급기야는 인간의 가치 척도의 변질을 초래하기까지에 이르렀다. 이는 통제되지 못한 욕구를 지닌 인간이 인위적으로 만들어낼 수밖에 없었던 악행들로 미래의 인간 삶을 묘연케 하는 세기의 배덕 증후군으로 자리하고 있다.

1. 변화하는 세계

금세기에 이르러 인간의 무절제한 욕구는 주변 환경은 물론 기후의 판도까지 완전히 바꾸어놓으면서 기상이변 사태를 사방 천지에 몰고 왔다. 어디 그뿐이랴! 인간 의식이 변하면서 모든 것이 변화의 물결을 타고 있는 것이다. 세상이 변하니 변화의 대세에 모두가 휩쓸리고 있는 판이다. 불교 용어로 표현하자면 세상은 그 어느 때보다도 엄청난 제행무상(諸行無常)을 겪고 있는 셈이다. 움직이는 것은 늘 그렇게 같을 수가 없다는 이 말은 어제가 다르고 오늘이 다른 지금, 그렇게 실감 나게 마음에 와 닿을 수가 없다.

그리스 철인 헤라클레이토스의 만유유전설(萬有流轉說) 역시 그 어느 때보다도 근자에 이르러 더 큰 힘을 받는 듯하다. 그에 의하면 모든 것은 흘러간다. 한 번 흘러간 물은 그만이다. 그러니 같은 강에 두 번 들어갈 수는 없는 노릇이지 않은가! 이렇듯 변화를 반복하는 것이 세상의 이치라면, 불변의 진리란 "모든 것이 변화한다"는 것밖에 남아 있지 않다.

공자 역시 그 옛날에 이미 변화를 직감한 바 있다. 냇가의 탄식(川上之歎)이라 하여 고래로부터 많은 이들이 언급해 온 공자의 유전설에 관한 한 대목이 있어 여기 적어본다.

> 공자가 냇가에서 말하였다. "흘러가는 것은 모두 이와 같은가? 밤낮으로 쉬는 일이 없구나."[1]

어디 그뿐인가. 『법구경』 무상품(無常品)에도 변화와 관련된 의미 있는 구절이 하나 있다.

> 모든 행(行)은 일정불변한 것이 없으니, 흥하고 쇠하는 법(法)이라 이른다. 무릇 태어나면 문득 죽나니, 이 멸(滅)을 즐거움으로 삼으리라.

이처럼 세상의 모든 것은 덧없어서 끊임없이 전변(轉變)하는 까닭

---

1 『論語』, 「子罕篇」 17, 自在川上曰, 逝者如斯夫, 不舍晝夜.

에 이를 일컬어 흥쇠법(興衰法)이라 이름하지 않았던가!

세상만사가 이럴진대 그 누가 있어 발전이라는 가면을 쓴 채 막무가내로 내달리는 변화의 흐름을 막을 수 있으랴?

그렇지만 진리는 변화 속에 있지 않다. 진리는 불변적이어야 하기 때문이다. 이는 "존재는 존재한다", "봄은 봄이다", "A=A이지 A=A가 아닌 것이 될 수가 없다"는 것과 같은 동일률(同一律)에 입각한 것이다. 이는 자명한 원리(自明原理)로 설명이 필요 없기에 삼척동자도 알 수 있는 내용이다. 그 자체로 너무나 명백하기에 증명이 필요치 않은 것이다.

이렇듯 파르메니데스가 말한 "존재는 존재한다", "존재하지 않는 것은 비존재다"는 원리는 형이상학의 기본이 될 수밖에 없다. 이렇듯 존재만이 불변의 진리로 남는다.

그렇다면 자연으로부터의 성숙한 이탈이면서 인간의 삶을 윤택하고 풍요롭게 만드는 문화는 가변적이기에 존재의 범주에 들 수 없다. 특히 소비문화는 생산주의의 고리에 묶여 악순환을 거듭하며 존재와는 무관한 '소유문화'를 부추기기에 더 큰 문제점으로 지적됨이 마땅하다.

2. 존재

존재 — 있을 존(存), 있을 재(在). 있다는 것은 무엇을 의미하는 것일까? '있음'을 재차 강조하는 존재 자체는 어떻게 시작된 것일까?

역사 속에서 철학의 핵심적인 내용은 '있음'이다. 철학은 이 '있음'에 대해 연구하는 학이라 해도 과언이 아니다. 있음은 신과 천사, 인간, 동물, 무생물 모두에게 해당하는 공통적인 사실이다. 이 모든 존재에 대해 의식을 지니는 '나'는 존재에 대한 사고의 출처다. 있음의 존재는 일차적으로 그것을 눈치채는 나의 '자기의식(自己意識, Cogito, I think)'에서 비롯된다. 그러기에 내가 존재한다는 것과 내가 없다는 것의 의미는 전적이며 절대적인 차이점이 있다.

형이상학적으로 존재는 유(有)의 현실이다. 이런 현실이 성립되지 않는 것을 두고 무(無)라고 하는데, 존재 말고 없다는 무는 개념상 있을 뿐 실제로는 없기에 '없는 것'에 대해서는 더 이상 논할 필요가 없다.

그런데 현실은 어떠한가?

사람이 멸할 때, 있음에서 '없음'을 직면할 때, '유'에서 '무'를 체험할 때, 그저 단순히 개념상의 무가 아닌 극적인 체질 변화를 느낀다. 누구나 그 앞에서는 크게 놀라며 자문한다.

나는 누구인가? 나의 존재의 출처와 말로는 어찌 될 것인가? 나는 지금 제대로 된 삶을 살고 있는 것일까?

이렇듯 삶을 살아가다가도 생각지도 못한 어느 순간 극단적인 경우에 처하게 되면 인간은 자신도 모르는 사이 일상의 질문이 아닌 궁극적인 물음을 던지게 된다. 이는 존재에 대한 자기의식이라는 인식의 주체가 밖으로 나아가 정상적인 이탈을 통해 올바른 존재론적 비약(飛躍)을 시도함이며 '나'라는 존재를 참 존재로 유도함인 것이

54

다. 다시 말해 이러한 물음은 존재(esse)에 대한 반성이고 존재(Esse) 자체에 대해 그리워함이다. 이는 유한한 존재가 영원하고 무한한 존재에 대한 미련을 떨쳐버리지 못하고 있음을 근원적, 함축적으로 보여주는 것이다.

3. 생과 사의 갈림길에서

그렇다면 이 시점에서는 '나'라는 존재의 출처와 종국에 대해 생각해 볼 필요가 있다. 예컨대 파스칼(B. Pascal)의 경우는 '죽음'에 대해 깊은 관심을 갖고 연구에 연구를 게을리하지 않았다고 전해진다. 그럼에도 그는 막상 죽음에 대해서는 단 한 줄도 남기지 못했다고 후예들은 아쉬워한다. 왜냐하면 그는 죽음의 경계에서 많은 느낌을 말로 남긴 것이 사실이지만, 그것은 사지(死地)의 세계에 들어가 직접 기록한 죽음 자체와는 아무 상관도 없는, 다시 말해 죽음에 가까운 경지인 사지 밖에서 남긴 생자(生者)의 글이었기 때문이다.

죽음은 남의 세계가 아니다. 나의 삶이 그렇게 정향된 것이고, 그렇게 살다가 어쩔 수 없이 그렇게 향해 갈 수밖에 없는, 그래서 어느 순간 만날 수밖에 없는 실상인 것이다.

신생아의 처지를 떠올려본다. 아이는 맨몸뚱이로 울며 이 세상에 태어났다. 아이는 엄마의 도움 없이는 단 하루도 버텨낼 수 없다. 모든 인간은 공수래(空手來)의 존재로 한때 그런 신세를 지고 자라났다.

그런데 지금 우리의 모습은 어떤가? 근사한 옷에 자가용을 굴리고 좋은 집에서 다양한 삶의 혜택을 누리며 만수유(萬手有)하고 있지 않은가? 그럼에도 이에 만족하지 못하고 더 멋진 삶을 영위하고자 이 순간에도 치열한 경쟁을 일삼고 있다. 어떤 면에서는 멋진 투쟁일 수도 있다. 경제적 여유를 누리고 문화생활의 진수를 꿈꾸며 아름다운 생을 장식하려는 의식이야말로 동물의 왕국에서는 감히 찾아볼 수 없는 인간만이 지닌 특권적인 도전정신이기 때문이다.

문제는 존재의 세계에서 무의 세계로 들 때, 생의 세계에서 이른바 완성의 시점으로 돌입하는 마지막 순간, 인생이 둘도 없는 하나의 허망한 한 폭의 그림자 내지 꿈에 불과했다는 속절없는 생각이 온통 지배하는 경우다.

공수거(空手去)의 인생인 줄 뒤늦게 깨닫는다면 그때의 후회와 한숨은 삶의 막바지 골인 지점에서 생자가 남기지 말아야 할 불운한 신세의 한탄이 아니고 무엇이겠는가? 때를 잘 타야 하는데 너무 때가 지나쳐버려 늦으면 무슨 소용이 있겠는가?

4. 존재의 음영(陰影)과 진리

인간 존재는 위대하면서도 다른 한편으로는 참으로 보잘것없고 미미하기 짝이 없는 존재다.

태양계의 하나인 지구, 우리 눈으로는 어떻게 바라볼 수도 없는 거대한 땅, 별들 중에서 가장 작은 것에 속하면서도 우리에게는 너무나 큰 존재.

그리고 태양! — 우리는 과연 그 실체를 알 수나 있는 걸까? 아침

햇살의 따사로움을 느끼게 해주는 창가에 걸린 아름다운 태양, 바닷가 수평선에서 이글거리며 떠오르는 멋진 장관 앞에서나 감동스러워하며 마음에 흠뻑 담아볼 수 있는 해님이지만, 그 누구도 그 실제의 모습을 있는 그대로 마음에 떠올려볼 수는 없는 일이다. 가까이 갈 수도 없거니와 매만져볼 수도 없기 때문이다.

별들은 어떤가? 하늘을 가득 수놓은 밤하늘의 작은 존재들, 아름다움 자체이며 장관인 태양계, 은하계, 보이지도 않는 수천만 아니 1조 개의 거대한 별들을 과연 그 크기나 본래의 모습대로 확인할 수 있는 길이라도 있는 걸까?

모든 사람은 시인이 아닌데도 시인처럼 살고 있다. 지구도, 태양도, 별들에 대한 실상도 아는 바 없으면서 편협하고 부분적인 앎을 내세우고 모든 것에 도통한 사람처럼 흉내 내며 살아가고 있는 것이다. 상상력만이 풍부한 엉터리 시인들인 것이다.

교사가 강단에서 책을 들고 학생들 앞에 서 있다고 하자. 그때 학생들은 교사가 바라보고 있는 책의 앞면을 쳐다볼 수 없다. 이와는 달리 교사는 학생들이 응시하고 있는 책의 뒷면을 바라볼 수가 없다.

세상 사물을 바라보는 우리들의 눈은 다 이런 식이다. 보는 데에도 한계가 있다. 모두가 자기 기준에서 대상들을 응시하고 있을 뿐이다. 이것이 시각의 이치이며 감각작용의 보잘것없음이다.

젓가락을 물속에 담그면 휘어져 보인다. 물속에 들어가면 정말 휘어질 수 있단 말인가? 그렇지 않다. 그렇게 된 데에는 감각주체인 시각이 무엇을 잘못 보았거나 아니면 그 대상인 젓가락에 문제가 생겨서일 것이다. 세상에 대한 믿음 역시 이와 마찬가지다. 변화로 요동치는 세계를 마치 참된 세계인 양 그저 코앞에 주어진 사물들을 아무 생각 없이 참된 것으로 믿고 받아들인다면 위의 현상에 동조하는 것밖에 되지 않는다. 이런 현상은 인간이 지닌 감각기관의 보잘것없는 작용에서 기인한다. 그렇다고 모든 것을 과학적으로 파고들자는 것도 아니다. 과학도 사물을 있는 그대로 받아들이는 데는 엄청난 한계가 있다.

사람들은 사과가 달다고 말하지만 입맛이 떨어진 환자는 쓰다고 푸념한다. 같은 사물이라도 누가 어떻게 대하느냐에 따라 그 판단 기준이 달라지는 것이다.

이런 여러 가지 사례에서 짐작할 수 있듯이 모든 것에는 우리의 감각계가 파악해 낼 수 없는 그림자가 존재한다. 이러한 음영(陰影)으로 인해 올바른 지식을 갖추며 살아간다는 것은 참으로 어려운 일이다. 그러기에 자의든 타의든 억지 춘양 식의 시인이 되지 않으면 세상을 살아낸다는 것이 쉽지 않다. 대신 진리는 저만큼 멀리 떨어져 있을 수밖에 없다.

그러니 안다고 뻐기며 잘난 척할 필요가 없다. 대부분의 앎은 편협하고 피상적이며 일시적이고 가변적이기 때문이다. 그것은 진지(眞知, episteme), 즉 참된 앎이 아닌 상식(opinio)이나 억견(臆見)에 불과하다. 이는 미미한 인간의 단편적인 지식의 수준에 머무는 것임에도 때로는 전적인 것으로 나타나 이해되는 기이하고 신기하기만 한 지적 형태다.

존재는 이런 상식과 대면하지 않는 고차원적인 자리에 위치한다.

사물들의 있음을 있음 그대로 알아내는 일은 고도의 인간 지성작용을 작동하여 어렵게 얻어낼 수 있는 별개의 현실이다. 존재를 제대로 이해하기 위해서는 온갖 그림자, 음영을 벗기는 기술을 필요로 한다. 의심이나 회의(懷疑) 또는 판단중지(判斷中止)와 같은 일단의 초기 단계의 스톱 장치를 작동하고 힘겨운 인식 절차를 거쳐 지성과 올바로 대면하는 경우에야 겨우 그 모습을 엿볼 수 있기 때문이다. 이는 마치 펄펄 끓는 용광로에서 엄청난 열을 참고 견디어낸 다음에서야 비로소 한 조각의 소중한 금붙이를 얻어내는 원리와도 같다.

마찬가지로 어떤 것이 그것으로서의 있음이 허용될 수 있으려면 인간의 감각과 지성작용 간에 있을 수 있는 사태에 대한 치밀한 논리와 분석을 거쳐야만 한다. 단순한 '있음'이라는 인식론적 과정을 치열하게 거친 후에만 그것이 외부에 존재하는 그것과 같은 것, 즉 진리로 인정받을 수 있기 때문이다.

5. 진리의 정체성

위에서도 살펴보았듯이 진리를 발견하는 일은 참으로 힘들다. 더구나 마음과 정신을 온통 물질세계에 노출시켜 자신도 모르는 사이 스스로를 질료로 계량화한 현대인들에게 진리를 말하고 설파하는 일은 참으로 난해하고 때로는 고통스러운 일이기도 하다.

진리는 내 안의 것과 밖에 있는 것이 서로 일치하는 것이다. 쉽게 말해 진리는 주관과 객관의 일치이며 주체와 대상이 서로 적합하게 맞아떨어지는 경우에만 적용될 수 있는 가치체계인 것이다.

이런 진리를 알고 세상을 살아간 사람은 그리 흔치 않다. 수많은 학자들이 그런 흉내를 내거나 잘못된 사고에 입각하여 자기주장을 펴는 데 그치거나 아니면 독단적인 사고로 선입견에서 벗어나지 못한 채 진지를 왜곡시키는 경우를 우리는 종종 보아 왔다.

범신론자였던 스피노자(B. Spinoza)는 자연에서 존재의 근거가 되는 진리를 찾으려 했다. 유대교에서 파문당하고 회당에서 쫓겨난 그는 "자연이 곧 신이고, 신이 곧 자연(Natura sive Deus sive Natura)"이라는 결론에 다다랐다. 자연 자체를 존재의 원천 내지 실체(Substantia)로 여겼던 것이다.

자연 안에서 활동하는 전통적인 신 존재와 창조 혹은 섭리는 그의 머릿속에 들어오지 않았다. 자연 자체가 스스로를 생산하는 산출자(Natura naturans)이고 그 결과(Natura naturata)가 이 세계에 전적으로 존재한다고 본 것이다. 자연이 신이고 자연이 알아서 스스로 만들고 쌓아놓는다는 것이다. 이를 두고 그는 철학적으로 전자를 능산적(能産的) 자연, 후자를 소산적(所産的) 자연이라 압축해서 표현했다. 이렇듯 모든 것은 자연 안에서 해결된다. 자연이 절대자 노릇을 하니 스스로를 만들고 또 생겨난 것이 신적인 것이 된다는 식이다. 이런 범신사상(Pantheismus)은 내재(內在)와 초월계(超越界) 중에서 내재성(immanentia)만을 인정하였다. 초월계의 절대존재(Esse absolutum)를 배격한 것이다. 이런 주장은 계시(revelatio)와 무관한 자기의식(自己意識, Cogito)의 고도화된 농축작용에서 비롯되었다.

초월적 존재를 떠나 자연의 모든 것을 신으로 섬기는 그의 철학은 어떤 면에서 동양사상과 맥을 함께하는 것으로 초자연을 근간으로 하는 그리스도교 전통사상에 미증유의 청천벽력과도 같은 놀라움을 불러일으켰다.

그리스도교 사상은 이 초월과 내재 사상을 모두 수용하는 사상체계다. 이는 신학적으로 하느님의 신성(神性)과 인성(人性)으로 나뉘어 설명된다. 다시 말해 하느님은 초월적 존재로 성부(Pater)라 표현되고 그리스도는 육화되어 내재된 인간성으로 존재한다.

이와는 달리 유대교의 경우는 내재가 없는 초월만이 있을 뿐이다. '아버지'만 있을 뿐이지 세계 내 신의 강생을 통한 임마누엘이란 내재적 인물은 존재하지 않는다.

불교는 "천상천하유아독존(天上天下唯我獨尊)"을 내세우며 저승의 삶을 초월적인 관점에서 바라보지 않고 나를 중심으로 한 내재적 관점에서 윤회적으로 해결하고자 한다. 한마디로 불교에는 초월사상이 존재치 않는다. 세계를 떠난 초월계의 천상국도 인정하지 않는다. 물론 거기에는 극락세계도 있고 모든 고통을 "훅 불어 끈다"는 열반계(涅槃界)도 있지만, 이 모든 것은 어떤 중개자가 있어 인류를 세상으로부터 구원하여 천상계로 이끌어주는 그리스도교의 구원관과는 달리 세계를 초탈하여 있는 것이 아닌, 중생이 스스로 자각하며 어려움을 감내하는 가운데 구원을 성취해 내는 자력종교의 최고가는 거처로 어디까지나 세계 내에 위치한 것이다.

6. 이성과 신앙 간의 관계 설정

이렇듯 종교가 바라보는 진리관도 제각각이다. 그러니 일상의 태도에서 존재 자체를 있는 그대로 바라본다는 것은 참으로 어려운 문제다. 문제 해결을 위해서는 일차적으로는 신의 선물인 인간 이성을 최대로 가동하여 진리에 접근하려는 수고가 우선되어야 한다.

현대인은 전에 없는 문화생활을 향유하며 경제적 풍요를 누리게 되었다. 그러면서 삶의 가치를 중시하기에 이르렀다. 참으로 다행스러운 일이다. 그렇지만 불행하게도 육체가 위에서 정신을 사정없이 내리누르는 가분수와 같은 기형적인 인간이 되었음을 알아차리는 사람은 많지 않다. 이는 심각한 문제다.

그렇다면 육체적, 물질적인 차원과 어울려 균형을 이루게끔 정신적, 영적 차원에 대한 세심한 배려가 있어야 한다. 이는 소유의 세계에서 존재 세계로의 이전을 요청함이며, 이를 위해서는 정신과 영적 세계의 일차성과 선차성이 강조되어야 한다. 또 이러한 목표에 이르기 위해서는 세간적 이성의 작동만으로는 불가능하고 이를 기반으로 한 신앙이 무엇보다도 요청된다는 점을 상기해야 한다.

비행기가 하늘만 난다고 좋은 것은 아니다. 착륙도 해야 한다. 자동차가 달린다고 무조건 좋은 것만은 아니지 않은가? 때로는 브레이크도 밟아야 한다. 이성과 신앙의 관계 역시 마찬가지다. 한 인격체 안에 내재된 이성과 신앙의 절묘한 보완관계를 망각하지 않으면서 문명과 문화라는 미명 하의 소유 일색의 사고에서 완성을 향해가는 창조과정의 일면을 제대로 바라보게끔 해주어야 한다. 삶 안에서 양자를 조절하며 무리 없이 작동하도록 돌보아줄 때에만 인간은 세계 존재를 제대로 품으며 잘 살아갈 수 있다.

"나는 생각한다. 그러므로 나는 존재한다(Cogito, ergo sum; I think, therefore I am)"고 근대철학의 대부 격인 데카르트는 말했다. 중세에는 신이 존재하기에 내가 존재한다고 했다지만, 근대에 들어서서는 나의 존재의 기저가 '사고(思考)'에 자리한다고 보면서 전통사상을 완전히 뒤집어놓은 것이다.

근대적인 사고는 의식이 있다는 것이고, 의식이 있음은 다름 아닌 자기의식이 있다는 것이며 스스로를 인식할 수 있음을 의미한다. 이러한 자기의식이야말로 아르키메데스의 점(點, Punkt)처럼 모든 것의 근원이라고까지 여기게 되었다. 이런 사실을 지성에 참된 것으로 받아들이기 위해 데카르트는 감각계에서 느끼는 것도 진실이 아니고 학문이나 신조차도 믿음의 대상이 되지 않음을 직시했다. 모든 것을 다 부정해도 단 하나 남는 것이 있으니, 그것은 의식작용으로 남아 있는 '의심'이라는 자기의식이었던 것이다.

사고의 끝에서 어렵게 발견한 의식은 세월이 흐르면서 불행하게도 자아의 상대자들을 절멸시키며 이기주의로 발전하고 이러한 이기주의가 뭉쳐 집단적 이기주의로 확산되었다. 그 결과 이성이라는 무기의 폭압 하에 계몽주의에 막강한 힘을 실어주게 된다. 결국 프랑스 혁명이 발생하고 종교인들이 탄압을 받으면서 유럽 일대는 한때 엄청난 위기에 봉착했다. 그런 가운데 인간 정신과 영혼은 하향 경직성을 띠고 끝없이 추락하면서 존재 세계에서 전에는 예상치 못한 존재 밖의 세계로 멀어져만 갔다.

7. 존재를 위한 영성 강화

　힘을 내고 일어설 때다. 하늘을 우러르며 새로운 세계를 꿈꾸고 탐험을 개시할 때다. 이는 모든 것을 자기 위주로 사고하고 문화를 가꾸어 오는 데에 너무나 익숙해져 버린 개인주의와 이기주의에서 탈피하여 참된 존재를 정초하고자 새로운 정지작업을 펼치는 것이다. 그러기 위해서는 무엇보다도 '자기를 벗어나' 타아(他我)를 있는 그대로 바라보고 받아들이는 데 부족함이 없도록 해야 한다. 이것이야말로 참된 존재를 살아가기 위한 워밍업이고 준비운동인 것이다.

　인간은 잠시 이 세상에 왔다 사라지는 우연적인 존재다. 세상에 왔다는 것은 어찌 보면 '내' 뜻과는 아무런 상관도 없이 그렇게 된 것이다. 이 세상에 오고 싶어서 온 사람은 하나도 없다. 나도 모르게 그냥 온 것이다. 세상에 오기 위해 전생에 무슨 공로를 쌓았다거나 무슨 일을 작심해서 자기 스스로 지구상에 발을 들여놓은 사람은 단한 사람도 없었고 또 없으며, 없을 것이다. 그러기에 하이데거의 말대로라면 애초의 인간은 "던져진 존재"일 수밖에 없다.

　신이 참된 존재라면 인간은 이렇듯 신에게서 존재를 분여(分與)받은 유한자에 불과하다. 분여된 존재인 유한자라 해서 아무렇게나 살수는 없는 노릇이다. 오히려 주어진 시간의 고귀성을 인지하고 자신의 능력을 힘껏 발휘하여 최선을 다하는 삶을 살아야 한다. 다시 말해 수동적이며 던져진 존재라 해서 마냥 손을 놓고 기다려서는 안된다. 될 대로 되라는 식으로 매사를 운명처럼 받아들여서도 곤란하다. 그렇게 되면 인생은 그야말로 아무짝에도 쓸모없는 것이 되고 만다. 매사에 책임을 다하며 성실하게 살아갈 줄 아는 사람, 더 이상 던져진 존재가 아닌 던질 줄 아는 존재, 즉 '기투적(企投的) 존재'가 되어야 한다. 이는 삶이 인생에게 위탁한 가장 위대한 과업이기도 하다.

기투 중에 참된 기투라 할 수 있는 것은 무엇보다도 사랑의 행위다. 기투하지 못하는 인간은 그저 사랑받기만을 원한다. 그런 사람은 늘 자신 안에 갇혀 비극적인 유아론(唯我論)의 무대에서 헤매게 된다. 소극적인 인간으로 살 것이 아니라 무엇보다 사랑을 배우고 배운 바를 그대로 실행에 옮겨 베풀고 희생하는 바에 전심전력할 일이다. 사랑의 행위는 개체(個體)들을 가르는 모든 울타리를 부수고 너와 나를 갈라놓는 장벽을 없애주며 개별 인격체가 하나가 되도록 묶어준다. 그것은 존재의 터전을 마련해 주는 신비의 명약이다. 그러기에 미움과 증오심이 생의 여백에 들어서지 못하도록 단단히 경계할 일이다. 사랑하기에도 너무나 짧은 인생이니 말이다.

그리고 작은 일에 충실할 것이다. 무조건 큰일만 선호할 게 아니라 작은 일의 의미를 파악하고 그 일에 기꺼이 투신할 필요가 있다. 하느님은 극대(極大)와 극소(極小)의 일치라 하지 않았던가. 절대존재는 최고로 높고 크시지만 최고로 미천하고 보잘것없는 행위와 일치하기에 우리가 큰 것을 원한다면 먼저 그 안에 숨겨진 작음의 덕성을 깨닫고 거기에 먼저 성심성의껏 임해야 한다. 점의 극대는 무한이고 원의 무한한 극대는 직선과도 같다는 말에서 우리는 작다는 것이 근본적으로 무한과 극대 속에 숨어 있음을 간파할 수 있다.

작음의 정신은 고삐 풀려 이리저리 날뛰는 소비의 망나니를 제어토록 하는 강력한 힘이며 소유 일변도의 욕망의 도시에서 존재 세계로 들게끔 하는 기막힌 출구다. 이 문을 통과하는 일은 용이하지 않다. 모든 욕심과 부의 상징들을 저버려야 입문 가능하다. 검약과 절약의 정신, 소유의 감옥에서 풀려나 얻게 된 자유, 신성과 결합 가능한 뛰어난 인격체들만이 아무런 여권도 없이 무사통과할 수 있는 문이 다름 아닌 존재 세계의 전면에 딱 버티고 있는 웅장한 문이기 때문이다.

마지막으로 존재의 출처를 생각하며 그 원천으로 우리의 의식을 되돌릴 필요가 있다. 지금껏 인간 사회를 주름잡고 있는 듯한 데카르트 식의 자기의식은 더 이상 아르키메데스가 발견하고자 한 지구의 중심점과도 같은 것일 수 없다. 왜냐하면 의식 이전의 능동인인 절대존재가 거기에 자리하지 않고서는 자기의식도 있을 수 없기 때문이다. 따라서 자기의식에 유폐됨 없이 그 근원으로 귀환함으로써만 진정한 존재에 참여할 수 있다.

앞에서도 언급했듯이 철학적으로 말하자면 인간은 참 존재(Esse)의 분여자, 즉 존재의 일부분에 속할 따름인 것이지 본연의 존재는 아닌 것이다. 그는 신 존재(Esse)에 참여하는 유한자(esse)일 따름이다. '나'를 알고 미래를 향해 기투적인 존재가 될 수 있다는 의식을 지닌 인간, 이런 의식의 출처인 절대존재에 참여할 때만 인간은 만사를 벗어나 참된 존재에 몸을 담글 수 있다.

말브랑슈(Nicolas de Malebranche)의 기회원인론(機會原因論, Occasionalismus)을 참고로 하면 이 문제는 술술 풀린다.

당구에서 흰 공 A가 붉은 공 B를 맞추고 B가 굴러가 다른 붉은 공 C를 맞춘다고 했을 때 B의 힘은 어디서 온 것일까? 당연히 A로부터 온 것이다. A의 힘은 또 어디서 온 것일까? 그것은 결정적으로 참된 원인인 당구 치는 사람에게서 주어졌다.

이것이 '기회원인(機會原因, occasio)'을 말해 주는 구체적인 사례다. 즉 당구공들은 원동자(原動者)로부터 힘을 받아 동력을 전달하는 기회원인에 불과했고 '참된 원인(causa)', 그 '참 힘'은 '능동인(能動因, causa efficiens)'이었던 당구 치는 사람이었다. 세상의 모든 움직임이나 힘, 권세도 다 이런 당구공들에 비유될 수 있다.

독불장군은 없다 하지 않았는가! 참으로 지당한 말이다. 그 어떤 것도 독자적으로 행위할 수는 없는 일이다. 아무리 내 생각과 의지대로라면 그만이고 만사형통이라 여기는 세상이 되었다고는 하지만, 이것이야말로 무지의 소치에서 비롯된 과유불급이 아니고 무엇이겠는가? 이런 류의 세상에서는 물질적인 풍요로움과 첨단 과학기술에 힘입어 생산과 소비문화의 틀 속에서 완성을 꿈꾸며 마구 쏟아 낸 신상품들을 대하며 연신 기뻐하는 사람들이 대부분이기에, 영원한 진리와 참 행복을 선사하는 존재의 유토피아에 대해서만큼은 무지로 일관하는 불행한 인간이 많아질 수밖에 없다.

참된 존재는 하나이고 미성(美性)이며 선 자체다. 참 존재의 분어자인 현실의 존재는 하나가 아니라 다수이며 미와 선에 있어서도 약간 아름다우며 조금 선하다. 아이가 입으로 부는 비눗방울 놀이기구에서 수많은 방울들이 번져 나와 사방으로 흩어져 사라지듯, 하나의 존재계에서 유래되는 세상의 유(有) 내지 존재자(存在者)들은 아쉽게도 지극히 가변적이고 유한하다. 약간의 아름다움과 선함을 지녔다가 마침내 눈앞에서 꺼져버리는 방울들처럼 현실계에서 그렇게 자취를 감추고 있는 것이다.

소유의 범주에서 자신의 몸집만 불려온 것이 지나간 세기들의 역사라면, 이젠 '위의 것'으로 지칭되는 존재 세계로 참다운 회귀를 꿈꾸며 되돌아갈 때다. 존재계의 정착이야말로 진정한 있음과 거기서 비롯되는 온갖 진선미에 내 인식의 초점을 맞추는 것이며 진리를 발견하여 거기에 기꺼이 순응함이다. 이런 사실을 철학적으로 어렵게 풀어낸 것이 존재론이라면, 이를 온몸으로 받아들여 생활화하는 것은 참된 영성의 출발점이라 할 수 있다.

제3부

창조와 완성을 향한 눈길

제 5 장
둔스 스코투스의 창조사상

애초부터 역사 안에서 인간이 지닌 세계상은 수시로 변했으니 그것은 보편적인 것이 되지 못하고 부분적으로 특화되는 양상을 보였다. 인간이 세계에 대해 지니고 있는 견해는 끊임없이 세상을 파고들며 행했던 실재에 대한 묘사가 어떤 것이었는지에 따라 그 모양새가 달랐다. 예컨대 그리스 사상에서 운명은 모든 실재에 물들어 있었기에 그들의 우주나 세계를 지배하는 힘은 달래기 힘든 필연성으로 나타났다.

중세에 이르러 창조주의는 세계에 역사를 끌어들여 말하기를, 이 세상은 하느님에게서 나왔으며 성경에 나타난 것처럼 그분을 향해 발걸음을 옮기는 것이 정상적인 것이라 가르쳤다.

근대에 와서 세계의 모습은 또 달랐다. 한마디로 무의식의 상징적 표현에 기댔던 것이다. 특히 근대과학은 중세 크리스천들이 하느님에 대해 서술했던 무한성과 광대무변이라는 속성(attributus)을 세계에 적용시켰는데, 일례로 헨리 모어(Henry More)가 시간과 공간에 부여한 존재론적 속성들 안에 이 점은 분명하게 드러난다. 즉 우주의 무한성은 진보와 발전이라는 믿음에 있어 가장 의미심장한 상징이라는 것이다. 이와는 달리 제약 관념은 인간을 불안하게 만든다. 이제 절대 하느님은 제거되었기에 세계는 절대적으로 필연적인 것이 된다. 이렇게 해서 근대과학에서 인간과 자연의 관계는 영속적 긴장관계로 설정되며 고유한 본성적 존재의 제한된 조건들과 제약들을 극복하는 데에 힘을 쏟는다. 신이 부재하고 신성들이 억압받는 세상에서 인간은 알고자 하며 믿을 수 없는 것에 대항하여 강력한 존재가 되고자 한다. 결국 과학과 힘은 무한자를 대변하는 근대 인간의 학적, 기술적 범주들로 새롭게 등장하기에 이른다.

코페르니쿠스에게 있어서 인간이 태양 주변을 감돈다면 칸트에게 있어서 우주는 인간을 중심으로 회전한다. 이렇듯 관계에 있어 중심의 위치가 결정적으로 바뀌었다 해도 사람들은 진정한 대화와 참된 상호 교류관계에는 도달하지 못했다. 왜냐하면 과학에 의해 연구된 세계, 긍정적 인식에 접근 가능한 세계는 단순한 현상계에 불과했기 때문이다. 이런 세계에서 우리는 신 존재, 영혼의 불멸성, 그리고 자유와 같은 물자체(物自體, Ding an sich)나 아름다움, 윤리성 등과 같은 인간성과 관련된 중대한 문제들에 대해서는 해답을 줄 수 없다. 왜냐하면 그것들은 현상들의 세계 밖에 있는 본체계(本體系, Noumenon)에 속한 것들이기 때문이다. 칸트에게 있어서 자연을 이해한다는 것은 기계적 용어로 그것을 해석하는 것을 의미한다. 그 결과 1885년 베르텔로(Berthelot)는 "세계는 이제 신비가 결여되었다"라고까지 주장했다. 과연 그럴까?

세계는 인간에게 필수적인 것이고 분명한 것으로 남아 있지만 한편으로는 상당한 문제가 쌓여 있고 신비스럽기까지 한 존재다. 이 때문에 예전처럼 지금에 와서도 세계에 대한 끊임없는 답변과 응답, 해결책이 구사되고 또 그렇게 할 수밖에 없는 것이 어쩔 수 없는 현실이라 하겠다.

우리는 이런 세계 존재와 관련하여 "무엇이 존재한단 말인가?" "그것은 무엇 때문에 존재하는가?" "그런 존재의 목적은 무엇인가?"라는 질문을 던질 수밖에 없다. 세계 내면의 존재 문제와 관련해서는 그 구성 요소와 고유 본질 및 존재론적 충만성이 어떤 것인지 캐물을 수 있다. 세계의 지속성에 대해서는 그것이 영속적인지 아니면 일시적인지도 물어야 한다.

이 모든 물음과 관련해서 당면할 수밖에 없는 문제점들이 발생하는데 그것은 다름 아닌 세계의 기원과 종국 내지는 창조와 완성에 관한 문제다. 그리고 세계의 실질적 성분은 무엇이고 운동과 변화는 어떻게 설명할 수 있는가 하는 것도 그중 하나다.

분명하고도 즉발적(卽發的)인 세계 앞에서 얻어진 답변들은 명확하지도 즉각적이지도 않다. 왜냐하면 그런 답변들은 어떤 체계나 학파 또는 일련의 믿음들을 전제로 한 것이기 때문이다. 이런 전제조건들로 말미암아 역사-내-세계 모습은 때에 따라 그 양상을 달리하며 그 형체를 드러냈던 것이다.

실제로 각자는 자신의 정신적 지평에 입각하여 철학을 한다. 그리스인들은 외부세계를 출발점으로 삼았고, 아랍 철인들과 유대 철인들은 영혼(anima)과 사물들의 내성(內省)에 입각해서, 중세 크리스천들은 하느님에게서 출발했다. 합리론자들은 고유한 주관주의에서, 경험론자들은 감각 경험에서, 도구주의자들은 선별된 도구들에 입각해서 그러했다. 이와는 달리 둔스 스코투스(J. Duns Scotus, 1265-1308)는 신앙에서 출발하여 세계를 바라보고 자신의 특별한 형이상학에 밀착시킨 이성의 법전에 입각, 세계를 해석했다. 한마디로 이것은 세계 문제에 대한 무지의 극복책이 아닌 지혜를 통한 신앙의 발전책이었다고 말할 수 있다.[1] 여기서 우리는 그가 무엇보다도 훌륭한 철학자이면서 신학자라는 것을 결코 잊어서는 안 된다.

1. 새로운 창조 개념

하나의 사상체계를 이해하기 위해서는 우주에 대한 철학과 시각이 어떤 고유한 비전을 지녔는지 그 지평을 미리 헤아려보고 거기서 출발해야 한다. 스코투스의 지평은 그리스 세계에서 그랬던 것처럼 변화의 문제에서 출발하지 않고 존재를 정당한 권리로 요구하는 무로부터 출발하면서 세계를 관찰하고 해석해 내는 창조의 지평이다. 이런 지평은 창조나 완성 개념에 대해 처음부터 끝까지 무지로 일관했던 그리스 철학과는 전혀 다른 차원에 자리하고 있다. 그리스인들

---

1 Cf. D. Scotus, *Ord.*, prol., p. 5, q. 2, n. 355.

에 의하면 이 세계는 본래부터 영원한 물질로 이루어져 있다. 그들에게 있어서 물질은 기원도 끝도 없는 영원하고 신적인 것이었을 뿐아니라 신을 대체할 만큼 영원회귀의 순환적 운동을 지속하는 실재였다. 즉 세계는 어느 일정 주기로 — 예를 들어 1만 년 — 생성과 발전, 파괴를 반복하는 운명체였다. 플라톤의 이데아나 아리스토텔레스의 형상들과 같은 실재의 원형들은 근본적으로 변화 불가능한 것이었다. 따라서 무로부터 어떤 사물의 전적인 산출로 이해되는 창조개념은 그리스인들에게는 금시초문이었고 그들이 인정한 유일한형태의 행위는 변화, 즉 이전 형상을 제거한 질료 안에서의 새로운형상의 산출뿐이었다. 그러기에 "무에서는 아무것도 이루어지지 않는다(Ex nihilo nihil fit)"는 금언은 그리스 존재론의 첫째가는 존재론일 수밖에 없었다.

그러나 스코투스에게 있어서 세계 창조는 비존재(non-esse)에서존재로, 순수 가능성(possibilitas pura)에서 구체적 실재(realitas concreta)로 나아가도록 한 창조주에게서 출발하였다. 따라서 철학적 문제는 변화와 운동의 문제가 아니라 이보다 훨씬 근원적인 문제인 무로부터 존재로의 비약(飛躍, saltus)이었던 것이다. 그렇다면그리스인들에게 있어서처럼 세계가 마치 둥그런 원의 모습으로 표현되어 일정한 시간이 경과한 후 본래의 위치로 귀환하는 형태라든지 그 안에서 역사에 대한 인간의 책임성을 기대하는 것은 도무지있을 수 없다는 믿음과는 달리 스코투스의 창조론은 새로운 차원의그리스도교 역사관으로 자리매김하게 된다. 물질계의 영원성이 아닌 무로부터의 존재라는 중대한 이런 문제에 대한 해결책은 순수 인간 이성 안에서는 발견되지 않고 오직 신학적 신앙 안에서만 찾아볼 수 있다. 물론 아우구스티누스의 경우 스코투스에 앞서서 영원한 물질 개념 안에 놓인 난제들을 성서에 나타난 창조 개념으로 극복한 바 있다. 성인에 있어서 세계의 기원은 신플라톤주의자들이 말하는 유출(流出, emanatio)에 의거하지 않았다. 그것은 무로부터(ex nihilo)의 존재로 물질과 정신의 전적인 산출로 해석했다. 모든 창조물은 그것이 정신적이건 물질적이건 간에 본성으로부터 그것을 이끌어낸 것이 아닌, 하느님에 의해 무로부터 생겨났다.[2]

이와 같이 신학적 진리들은 철학적 사변을 조명하고 좌우할 수 있다. 이는 비단 스코투스만이 아닌 프란치스칸 사상가들의 전체적인 사변의 거대한 틀처럼 전면에 나타나고 있다. 실제로 프란치스칸 학파는 특수한 지적 영역을 내포하고 있으니 그것은 주제들의 원천성(originalitas) 때문이 아니라 세계와 인간 및 하느님에 대한 문제들을 다루는 특수한 진행 방식으로 인해 그러하다. 이들 학자들은 삶을 위해 철학하고 사유하며 반성하는 날카로운 실천적 의미를 지녔다. 이는 다름 아닌 존재에서 출발, 행위 안에서 결말지으려는 주의주의적 태도인 것이다. 이런 비약에는 기만하지 않는 진리의 보증으로 그리스도교 계시가 사용된다.[3]

철학적 우주론과 관련하여서도 오로미(Oromí)가 강조하듯 거기

---

2 *De genesi ad litt.*, I, 2.
3 김현태, 「스콜라 철학과 프란치스코회」, 한국중세철학회 2010년 가을 학술대회, p.4.

에는 세 가지의 신학적 진리가 철학적 우주론에 대한 이해를 돕도록 조명해 준다. 첫째, 하느님은 당신 의지의 자유로운 행위로 세계를 창조했다는 것이다. 이는 세계가 본질적으로 우연적이고 더 이상 홀로 존재하지 않는다는 뜻이다. 이유는 신적인 정신 안에는 필연적 혹은 실질적으로 모든 가능한 이데아들이나 본질들이 자리하고 있는 까닭이다. 세계 창조에는 우연성이 드러나지만 그렇다고 해서 스코투스의 경우는 하느님의 의지가 임의적으로 작용한다고는 주장하지 않는다. 왜냐하면 "하느님 안에서 의지는 실질적이고 고유한 본질과는 완전히 동일하기 때문이다."[4] 비록 논리적 윤곽에서도 하느님의 원의는 마치 실수할 수도 있고 부자유스러운 어떤 것을 받아들일 수 있는 것과 같은 그 어떤 합리적인 방향을 필요로 하지 않는다. 이런 의미에서 하느님의 의지는 끝없이 자유롭다. 스코투스는 하느님의 의지가 원의하기 때문에 원의한다고 주장한다. 이는 변덕스러운 의지와는 무관한데 그 이유는 하느님의 본질이 무한한 조화 내지는 통일이기 때문이다. 두 번째의 조명과 관련된 것으로 신적인 의지가 그것들을 실현하기 위해 신적 정신의 본질들을 선별하면서 우연적으로 작용한다는 사실은 실현된 본질들이 본질적으로 다른 것일 수 있음을 시사한다. 마지막으로, 인간 지성과 영혼은 이 본질을 위해(ut essentia haec) 추상적으로가 아닌 구체적으로 신적 본질을 알게끔 운명지어졌다는 것이다.

---

4 *Rep. Par.*, I, d. 45, q. 2, n. 7.

다른 실재와 진리로 나아가고 그 접근으로 고찰되는 보나벤투라의 철학 역시 이런 점에서 경로를 180도 달리하여 과학, 신학, 신비론 그리고 인간이 자신의 품위를 지키게 하는 잠재적 가능성을 발전시킬 수 있게끔 하는 모든 분야로 개방된다. 이를 설명하는 실재와 학문들 간의 종합과 유(有)의 연관 개념은 스코투스의 사상 안에서도 분명하게 나타난다. 그는 우주를 피라미드 형식으로 묘사한다. 그 안에서 유(類)와 종(種)으로 형성된 논리 질서와 존재론적 질서 내지 구체적 실재의 영역은 마침내 하위적인 것에서 상급적인 것에 이르는데, 한 단계씩 점진적으로 상승한다. 이때 감각 본성과 지적 본성 간의 결합인 인간은 모든 창조물의 요약으로 제시된다. 인간을 위한 육화된 말씀의 활동적 힘으로써 모든 피조물은 하느님에게로 향한다. 특히 스코투스는 다른 존재들과 관련하여 인간 범주를 강조하면서 인간이 가시적 창조의 목적이라고 말한다.[5]

이런 신학적 진리들은 믿음을 지닌 이성을 다른 것으로 밀치거나 별개의 것으로 취급하지 않고 단순한 이성에게 미지에 대한 새로운 전망을 펼쳐 보인다. 여기서 우리는 인간이 자연에 대해 지니는 모든 무례함이란 것이 마음의 위대성, 즉 도량이라 불리는 덕이 결핍된 결과임을 눈치챌 수 있다. 가시계의 창조 목적과 인간이 동격이라면 성 보나벤투라는 세계를 두고서 "가장 아름다운 한 편의 시"라고 말했다. 그 세계는 루이 라벨(L. Lavelle)의 말대로라면 전적인

---

5 D. Scotus, *Opus oxoniense*, III, d. 32, q. un. n. 5.

현존이 진동하는 공간이다. 이 터전은 종교적이고 시적이며 인간학적인 관계를 받아들여 수놓는다.

2. 창조적 삶과 관계성

인간은 구조적으로 관계적 존재다. 그런데 다른 존재들과 관계를 맺는다는 것은 쉬운 일이 아니다. 이는 실재에 대한 상이한 시각들과 차이 나는 인상에 입각하여 정신을 묘사하는 문화적 계획과 상황의 선입견들에 의해 좌우되고 중개되기 때문이다.

소크라테스 이전 사람들이 지녔던 자연적 천재성을 상실한 후 우리는 실재로부터 우리를 동떨어지게끔 하는 의혹이나 불신에 시달리고 있다. 우나무노(M. de Unamuno)는 『돈키호테와 산초의 인생』을 주석하면서 "세계는 우리를 안으로 끌어들이고 있다"고 말한 바 있다.[6] 이런 주장을 통해 그는 '내적인 것'의 개정과 정화를 요청했다. 실제로 그래야만 우리는 올바른 시각을 갖고 세계를 제대로 바라볼 수 있다. 실상 모든 시각은 경험의 원천이고 경험은 삶과 자연 앞에서 취하는 구체적인 태도인 까닭이다.

근대과학의 위대한 발견은 동일한 물질, 동일한 요소들, 동일한 일정량의 구성물과 같은 우주의 동질성에 관한 것이다. 이런 동질성과 연대성은 관계와 힘의 영역, 인식론적 이해와 그 가지성

---

6 M. de Unamuno, *Vida de Don Quijote y Sancho*, col. Austral, Madrid, 1981, p.176.

(intelligibilitas)에서 행해진 공통 법칙들이라는 거대한 그물망을 우주에 펼쳐놓았다. 비연속성과 연속성은 통합적인 변증법을 통해 합치되기에 이른다. 변증법은 무생물적, 생명적, 인간적 세계의 개별 형상을 구제하면서 '모든 것'의 일성(unitas) 안에서 재결합한다. 예외적인 내재계(內在界)의 존재인 인간은 우주의 통합 과정을 연장시키면서 자신이 살고 있는 자연에 대한 시각과 이해에 대한 우선적이고 특권화된 입장을 구축한다.

오늘에 와서 자연계는 기술의 강력한 충격을 감내하지 않으면 안 되었다. 이 같은 기술적 행위는 적지 않은 경우 우리가 자연에서 뿌리째 뽑혀 떨어져 나왔음을 느끼게 할 만큼 자연계와 갖는 관계 방식을 변질시켰다. 하이데거는 이 점을 강력히 고발하면서 우리에게는 순전히 기술적 관계들만이 남아 있다고 주장하였다. 이러한 기술적 관계는 우주론적 질서나 인간학적 질서에서 사실(factum)이 들어 있다는 그 비밀 주머니 하나로 자연적 관계들을 숨죽여 버렸다.

자연적이고 동시에 기술적인 실제 세계의 통합적 이해를 위해서는 실증주의-관념론, 과학주의-신비주의, 유물론-유심론, 기계론-의지주의, 객관론-주관론 등과 같이 서로 간에 배타적인 체제들을 극복해야만 하고 앎의 모든 줄기들을 통해 총체적이고 통합적인 실재로 폭넓고 심오한 관계에 도달해야만 한다. 그러기 위해서는 단순한 통교적 이성으로 여의치 않고 구성적 현존의 존재론에 바탕을 둔 친교적 존재에 도달해야만 한다.

플라톤주의와 아리스토텔레스주의를 새로운 프란치스칸 사상 안에서 통합, 완성시키는 데 힘쓴 연유로 중세의 칸트라 불리는 스코투스는 이전의 인격 개념을 새로이 정초하면서 인간의 관계 차원에 대해 강조한다. 이 개념은 무한 존재를 향한 유한 존재의 성향으로 이해되며 존재의 일의성과 분여의 학설에 의해 조망된다.[7] 인격은 기원의 관계와 공분(共分)의 관계에 자리한다. 인격은 본성을 창조하는 자와 이 같은 동일한 본성을 공유하는 다른 모든 존재들과 연관된다. 창조적 기원과 하느님과의 친밀성이라는 관계에 놓여 있는 인간은 다른 인간들 및 모든 피조물과도 연관된다. 이런 관계는 심리적, 존재론적, 세계 내적인 차원에서 친교와 참여 및 통교의 초석이 된다. 스코투스의 이러한 철학적 가르침은 이전의 프란치스칸 사상과 위대한 철학들에서 영향을 받아 결실을 맺은 것이지만 무엇보다도 거기에는 프란치스칸 정신이 살아 숨쉬고 있다.

프란치스칸 정신은 프란치스칸 사상이 형성되는 데 있어서 그 모형인(模型因, causa exemplaris)으로 작용했다. 이 정신은 사상체계가 정교화되기 이전 공존하던 경험을 전제로 한 것이다. 프란치스칸 정신의 통일성은 사상체계의 질료적, 형상적인 면들의 일관성에 토대를 둔 것도 아니고 주인공들이나 훌륭한 지도자들의 연대적 인접성에 입각한 것도 아니다. 그것은 행위와 반성의 원천인 한, 복음에 충실한 정신 안에 자리하며 조명, 자유 및 구원으로서의 진리를 발견하고 사는 공통 명제에 주안점을 둔다. 이렇듯 다른 모든 영역에서처럼 창조나 그 관계 영역에서도 성 프란체스코의 생활한 행동

---

7 Cf. Ord., III, d. 1, q. 4, n. 2; Quodl., q. 19.

은 위대한 스승들의 철학적, 신학적 사변의 계기가 되었다. 프란체스코에게 있어서 그리스도의 위격이 관계와 모범의 중심이 되었다면 스코투스에게는 그것이 신학적, 형이상학적 반성과 상술의 주제가 되었다. 이는 샘물이 바가지나 물동이가 아닌 수도관을 통해 전달되는 것에 비유될 수 있다.

그렇다면 우리는 여기서 스코투스 형이상학에서 어렵게 논해지는 관계 개념이 프란치스칸 정신의 원조인 성 프란체스코 안에서 어떻게 드러났는지 눈길을 돌려보자.

사물들과 함께 또 자연 앞에서 취하는 성 프란체스코의 관계와 인간적 행위는 과학과 기술에 의해 제공되는 현금의 관계성과는 상당한 차이점이 있다. 더구나 영신적 지평들은 전적으로 별개의 것이고 각각의 존재론적 행위들은 아주 상이한 노선을 밟는다.

성 프란체스코는 우주적 조화를 삶으로 연출하고 그것을 세계 무대에서 공연할 줄 안 드문 인물들 중의 한 사람이다. 그는 창조의 첫날 무죄한 인간으로 세계 및 자연과의 있을 수 있는 가장 탁월한 관계를 통해 하느님께 찬양을 드린 인물로 기록되며 이사야 예언자가 선포한 거대한 우주의 형제애로 가득 찬 이상국가(Utopia)를 특수한 삶의 방식으로 재현해 낸 희대의 모델이다. 성인의 행동은 많은 현대인들의 행동과는 모순되는데, 현대인은 아직도 이런 왕국에 들어서지 못했기 때문이며 이들의 우주론적 범주들과 존재론적 태도는 메시아적 구원과 보편적 화해를 간절히 필요로 하고 있다.

프란체스코의 모든 전기는 그가 모든 창조물과 갖는 형제적 관계를 세밀하게 기술하면서 명백히 하는데,[8] 피조물에 대한 그의 존중심은 그들을 인격화하는 데 그치지 않고 품위를 부여하며 그들에 대해 나쁘게 말하는 것을 허용하지 않을 정도였다. 그는 사람들 사이에 형제성을 옹호하는 데 그치지 않고 말 못하는 야수들, 파충류나 조류, 여타의 무감각하고 감각적인 피조물들을 사랑했고 그들과 형제애를 나누었다.[9] 모든 존재들, 그것이 이성적이든 비이성적이든, 감각적이든 비감각적이든 간에 그는 교류하였고 그것들을 자신의 느낌에 참여케 하였으며 그렇게 해서 그것들은 성인과 함께 창조주를 향해 무상의 거대한 찬미 안에서 일치할 수 있었다.[10]

성 보나벤투라는 기록하기를 성인의 위대한 신심은 모든 피조물을 향해 사랑스럽게 그분을 옮겨다 놓았고 우주적 화해를 통해 만물을 무죄함의 상태로 되돌렸다고 한다.

자연과 모든 피조물을 사랑하고 존경하는 데 있어서 성인은 추상적으로, 비인격적으로, 익명적으로 그렇게 하지 않았다. 창조물에 대한 그의 현격한 존중심과 차별화된 강력한 본성은 그로 하여금 모든 인격체와 동물과 사물들을 세심한 예의로 다루도록 했으며 늘 각각의 존재 방식의 개체성과 특수성, 우주 내에서 특권화된 위치를 감안토록 했다. 성인은 습관적인 의식의 장애를 깨뜨리면서 일상의 생생한 자연의 기적들을 발견하는 대로 가감 없이 움직였다. 그러기에 "이성이 없는 동물까지도 자신들을 향한 프란체스코의 커다란

8 Cf. *1 Cel.*, 80–81.
9 *1 Cel.*, 77.
10 *1 Cel.*, 58.

형제성과 애정을 깨달았다."[11]

사물에 대해 프란체스코가 지닌 표정은 결코 흥미 위주나 자애심 내지는 도구화가 아니다. 그는 모든 탐욕과 소유와 지배의 잘못된 원의에서 해방되는 법을 배웠다. 교만을 제거하고 동정심과 따스한 애정으로 재무장한 그는 모든 존재로 하여금 자신과 함께 노래하고 찬미할 것을 초대한다.

프란체스코는 깊은 신앙심 외에도 감수성이 뛰어난 시인이었다. 따라서 종교 체험은 미학적, 시적 체험과 어우러지는데 이는 그의 「태양의 노래」에 잘 나타난다. 이 노래는 창조주 하느님과 창조물과의 생태적, 종교적 관계와 우주적 견해에 대한, 시적이며 지혜가 충만한 찬미가다.

프란체스코는 종교적 이유만이 아니라 본능적이고 애정적인 동정심으로 인해 자연과 정을 나누고 조화를 이룬다. 다시 말해 이 모든 것을 자연스럽고 단순하게 그리고 자발적인 태로로 그렇게 했다. 막스 셸러(M. Scheler)에 의하면 프란체스코 안에서는 점진적으로 뿐 아니라 본질적, 질적으로 다르게 자연과 인간 그리고 하느님 사이에 관계의 애정적이고 직관적인 해석이 완성되었다. 이는 성인이 세계에 대한 전체적, 이해적, 친교적, 작용적 시각을 지니고 있었기 때문이며 그 안에서 모든 존재들은 자신의 특수성과 개체성 안에서 파악되고 인정되며 해석되었던 터다.

---

11 *1 Cel.*, 59.

「태양의 노래」에서 프란체스코는 모든 피조물을 통해 주님이 찬미를 받기를 소원한다. 그는 피조물을 통해 지극히 높으신 분께 노래한다. 모든 것은 하느님 사랑의 표현이며 지평이기 때문이다. 여기서 사물들은 심오한 대화를 위해 잠깐 갈아입는 의복이나 낭만을 더해 주는 수단도 아니다. 프란체스코는 피조물을 시적으로 이용하지도 않았고 심오한 종교 체험을 표현하는 데 쓰이는 단순한 형상화나 은유들로 격하시키지도 않는다. 그는 상징적 표현을 사랑하며 창조의 저자를 바라보고 발견하며 찬미하기 위해 그것을 사용한다. 그렇다고 해서 피조물들이 순수 상징주의나 해석학적 이미지로 변모되지도 않는다. 프란치스칸 우주 안에서는 그 어떤 것도 격하되거나 파괴되지 않으며 종교 자료의 기능 안에서도 그 가치가 떨어지지 않는다.[12]

프란체스코가 사물들과 자연 존재들과 갖는 형제적 관계는 단순히 거기에 정지되지 않고 그들 저자와 기원의 원천으로까지 소급한다. 그는 모든 것들이 자신처럼 유일한 원리에서 생겨났음을 잘 알고 있었다. 거기서 모든 것은 고유한 일관성과 구체적 의미를 지닌다. 모든 현존하는 창조물은 고유한 연속성을 보존하며 토대가 되는

---

12 자연 앞에서 취한 프란체스코의 태도는 지상세계의 현주소를 바라보고 크게 염려로 일관하는 생태학자들에게 강력한 충격을 불러일으켰다. 생태학에 미친 종교의 영향력에 관해 폭넓은 토론을 한 다음 유명한 역사학자인 화이트(Lynn White)는 과학의 발전을 위한 아메리칸 연합의 1966년의 모임에서 아시시 성인이야말로 "그리스도인들 중에 가장 근원적인 분"이고 모든 인간이 따라야 할 모델이라고 천명한 바 있다.

위대한 현존으로 발걸음을 옮긴다. 그의 크리스천 얼굴은 어디서나 그것을 올바로 바라보도록 하며 모든 것 안에 하느님이 창조한 보편적 형제애를 전달한다. 그것은 바라볼 줄 알고 참여할 줄 알며 기이한 자연의 풍경에 참여하는 것이며 나아가서는 하느님을 찬미하는 것을 아는 것이다.

삶 앞에서 취하는 프란치스칸 태도 역시 신앙과 체험에 바탕을 두고 있는데 이는 어떤 면에서 니체가 종교에 가한 고발에서처럼 자연을 이용하는 명령으로부터 벗어나 있다. 성 프란체스코처럼 아주 적은 수의 사람들만이 지상에서 맛볼 수 있는 경이로움(mirabilia)에 충실했고 소수의 저술가들만이 보나벤투라나 스코투스가 그랬던 것처럼 지극히 놀랍고 심오한 자연의 존재론적 의미와 표지의 해석학을 제시할 줄 알았다.

인간들과 사물들의 감추어진 현존을 발견하고자 시인은 은유에, 철학자는 형이상학에, 신앙인은 믿음에 의지한다. 이 모든 자원은 인간과 세계의 심오한 가치를 발견하는 데 필요하다. 인격의 사물화 혹은 물질화에서 모든 존재들의 인격화라는 가치를 찾아 나설 필요가 있다. 프란체스코가 창조물과의 관계에서 실현한 인격화가 역사의 모델로 자리하듯 그렇게 할 때 우리 역시 현존 안에서 있을 수 있는 저항을 감퇴시켜 동일한 일상의 체험 안에서 실제적이고 풍요로운 만남이라는 새로운 가능성을 펼쳐 보일 수 있다.

철학자이자 신학자였던 스코투스의 사상체계에는 사변적인 특성과 함께 종교적 성격도 강하다. 그는 단순한 앎에 그치는 일상의 학문을 펼친 것이 아니라 하느님을 향한 지혜의 노선을 지난한 형이상학을 통해 알리고자 힘썼다. 그렇다면 관계 개념 역시 존재에 관한 형이상학에 그 실질적인 토대를 두고 있다는 점에서 초월적 관계라 불릴 수 있다. 이는 창조물들이 서로 간에 지니는 관계들과는 구별되고, 존재를 향한 인간 인격 안에서 근본적이고 유일한 성향을 찾아볼 수 있다는 점에서 그러하다.

성 프란체스코의 관계성을 형이상학화하는 스코투스는 만인은 타자(他者)로의 개방성에 불림을 받았으며 자신의 현존을 주장하는 것을 느낀다고 설명한다. 그런데 그 본래 목표는 미리 그러면서도 동시에 그것을 자기 자신 안에서 삶으로 살아갈 때 획득될 수 있다. 타자들과 연대적이기 위해서는 자기 자신 안에서 인격이라는 데 도달하는 것이 필수적이다[13] 그렇게 될 때 존재적이며 구성적인 하느님과 인간에게 근본적으로 연관된 인격은 대자연과의 공분(comparticipatio)의 관계, 기원(origo)의 관계가 된다. 한마디로 스코투스에게 있어서 인간은 당신(Tu)인 창조주에게서 유래했다는 점에서 원천의 관계를 지니며 무한자인 당신을 지향한다는 점에서 궁극적 원천성의 관계도 지닌다.

과학적, 기술적 정신력을 애초부터 타고난 현대인은 비이성적 존재들, 특별히 물질적 실재와 함께하는 프란치스칸 관계의 심오한 진리를 쉽게 이해하지 못한다. 우리는 사물들을 단순한 대상으로 바라보고 가치화하는 것을 배우고 내밀한 비밀을 캐묻기 위해 그것들을

---

13 *Ord.*, III, d. 2, q. 1, n. 7.

조각내고 분해하는 데에 익숙해져 있다. 그것들은 기계에 불과했기에 조작하고 지배하며 유용한 목적으로 사용하는 것밖에 모른다. 자연 사물과 우주 앞에서 취하는 이 같은 태도는 실험적이고 정복적이며 무조건적 소유로 우리를 물들였다. 이런 위력과 지배력은 동정심과 감탄과 놀라운 친교성과 감수성에 기반을 둔 창조 앞에서 프란치스칸 태도를 이해하는 데 큰 곤란을 겪게 만든다. 무상의 원리가 요구되는 때다. 무상의 원리가 지배의 원리를 배제하는 곳에는 수용의지가 여하한 저항과 소유 의지의 가면을 벗겨버릴 수 있다. 그렇게만 되면 비이성적인 존재들과 사물들은 인격화되고 그들을 도구화시키는 공간이 더 이상 터를 잡을 수 없게 된다.

프란치스칸주의의 세계와 삶의 해석학은 확실히 현실적이 아니다. 그렇지만 니체가 가르치듯이 비현실적인 것은 적어도 철학적 영역에서는 드물게나마 가장 놀라운 예언적 힘을 드러낸다. 프란치스칸 세계관과 자연에 대한 성 프란체스코의 행동방식 역시 비현실적인데, 이유는 그것이 무의미해서도 아니고 완전히 기억에서 사라졌기 때문도 아니며 다만 현재의 정신력을 뛰어넘어 더 인간적이고 인간화된 미래를 향해 계획되었기 때문이다.

필연성, 자유, 무상 내지는 여분의 물체로서의 세계는 지금도 우리 시대가 시급히 해결해야 할 문제로 남아 있다. 이렇게 볼 때 스코투스의 철학은 하이데거가 남긴 "왜 유가 아니라 무인가?"라는 유명한 물음에 존재론적 해결책을 제시할 수 있고 과중하게 존재하는 어떤 것으로서의 존재를 고찰하는 사르트르적 논제에도 그 해결책을 마련해 줄 수 있다.

3. 우연성과 자유

우연성(contingentia)의 문제는 그리스도교 사상 안에서 창조 개념과 밀접히 연관되어 있다. 이는 스코투스나 그의 선각자인 아우구스티누스에게도 예외가 아니다. 아우구스티누스는 진리에 관한 유효한 논증을 토대로 "세계의 우연성으로부터의 논증(a contingentia mundi)"을 받아들였다. 세계는 신에 의해 창조되었는데, 이유는 세계가 존재하기 위한 충족이유율(充足理由律)을 자기 안에 지니지 못하기 때문이다. 따라서 어떤 것이 존재한다면 신은 존재한다고 보았다. 이렇게 볼 때 우연성은 현실적으로 존재하는 것에 대한 하나의 존재 방식임을 알 수 있다.[14]

이러한 우연성은 특별히 철학적인 문제도 아니고 그렇다고 신학적인 것도 아니다. 그것은 모든 철학과 신학을 감싸고 아우른다. 스코투스에게 있어 우연성과 창조에 관한 이론은 그의 가르침에서 기본적이고 중심이 되는 문제다.

창조 진리의 주요 국면은 세계가 시간 안에서 이루어졌다는 것도 아니고 무로부터 다스려진다는 것도 아니다. 그것은 창조 행위가 근본적으로 우연적이며 결정적으로 자유롭다는 사실에 있다. 창조 행위의 우연적이고 자유로운 사실은 존재론적으로는 오류이고 인식론적으로는 기형적인 그리스 철학의 필연주의와는 상치된다. 하느

---

14 *Quaest. in Metaph.*, lib. 9. q. 15, n. 12.

님과 창조는 필연성에 의해 일치된 동질의 우주를 만들지 않고 자유와 사랑에 의해 일치된 이질적 우주를 고안하며 만든다. 하느님과 창조 사이에 존재하는 관계는 비록 유효할지는 몰라도 원인과 결과라는 인과성(causalitas)의 범주로 적합하게 설명될 수는 없다. 이런 우연성에 관한 궁극적 해결책은 하느님 안에 자리한 것이기에 철학으로 어떤 답변을 기대할 수는 없다. 왜냐하면 법칙과 사실을 다루는 철학은 변화하는 감각계에 대해 온전한 답을 제대로 해줄 수 없기 때문이다.

하느님은 세계에 대해 절대 자유로운 방식으로 행위하고 개입한다. 다시 말해 하느님은 당신의 작업을 통해 유한한 세계와 유한자를 자유롭게 창조하였다. 그것은 모델과 모형에 의해 사용된 이데아들과 일치하여 그렇게 하였다. 이에 대해 자연이성은 하느님이 무로부터 창조할 수 있음을 증명할 수 있다고 스코투스는 주장한다. "이것의 어떤 요소와 이것이 받아들여지는 아무런 수용적 요소가 선재하지 않고 그분에게서 어떤 것이 나오는 식으로 하느님이 할 수 있다는 것은 자연이성에 명백하다. 하느님이 이런 식으로 어떤 것을 창조할 수 있음을 증명할 수 있다고 철학자(아리스토텔레스)가 말하지 않을지라도 이는 자연적 지성에 분명한 일이다."[15]

보나벤투라나 스코투스에 의하면 통상적으로 철학은 감각적 존재의 우연성을 실제로 인정하지만 모순에 빠지지 않고 일관되게 형이

---

15 *Rep. Par.*, II, d. 1, q. 3, n. 9; *Ord.*, IV, d. 1, q. 1, n. 27.

상학적 차원에서 올바른 설명을 할 수는 없었다.[16] 다시 말해 무원인적 제일원인인 보편적이며 필연적인 존재를 인정하는 데 도달했을지언정 하느님의 사정과 관련된 참된 종속성의 관계들이나 존재의 근본적 우연성 그리고 그런 것들의 작용에 대해 올바로 명확하게 밝히는 법을 알지는 못했던 것이다. 더구나 이교 철학은 그 안에서 질료세계와 인간의 위치에 대한 심오한 지식에 도달하는 일이 불가능했다. 왜냐하면 앞서 말한 대로 무에서는 무밖에 모르는 존재론은 창조의 결정적인 사실을 눈치조차 챌 수 없었기 때문이다. 이 때문에 이들 철학자들은 나그네 인간(homo viator)이라든지 인간의 최종 목적지에 대한 역사적 정황에 대해 무지했다. 그뿐만 아니라 신과 세계 존재들과의 관계를 자연적 혹은 필연적인 인과성의 용어들로 해석함으로써 필연주의(necessitarismus)라는 오류에 빠졌다. 그 결과 우연적 존재의 참된 구조를 아는 데는 이르지 못했다. 앞에서도 보았듯이 창조의 신학적 조명에 입각해서만 우주는 인식론적으로 가지적일 수 있고 존재론적으로 설명될 수 있다.

우연성은 즉발적이며 분명한 사실이기에 논증의 대상이 아니다. 우연성을 기초하는 근본은 두 가지인데 하나는 내적인 것으로 그 자체의 유한성이거나 형이상학적 제한성이다. 다른 하나는 외적인 것으로 자유로이 창조하는 제일원인의 유한성이다. 유한성은 긍정적 존재 방식이지만 유한한 존재 방식이다. 유한한 모든 존재는 규정적

---

16 Cf. *Ord.*, I, d. 8, nn. 223-306.

존재의 등급을 지니거나 어떤 부정을 포함하는 긍정성 내지 더한 존재의 상실을 지닌다.[17] 스코투스에 의하면 우연성에는 가변성과 불가피성이 있다. 첫 번째 것은 존재하는 어떤 것이 존재하면서 아니 나아가서는 실제로 존재할 수 없는 그것과는 다를 수 있다는 것이다. 한 사물의 존재는 그 자체의 필연성을 의미하지 않는다. 왜냐하면 그것은 존재할 수도, 존재하지 않을 수도 있고 존재 혹은 비존재와는 차이 나는 것이기 때문이다.[18] 생성에 있어(in fieri) 불가피성의 우연성은 어떤 것이 존재하지만 한편으로 동시에 그것과 모순되는 것이 존재할 수 있음을 뜻한다.

다른 모든 존재들은 여하한 현실성(actualitas)의 등급을 상실했고 무한 존재만이 존재 질서 안에서 규정된 존재의 가능성이나 잠세성(潛勢性)을 지니지 않은 순수 현실태다. 무한자는 절대적으로 필연적인데 이유는 존재(existentia)의 충만성을 소지하고 있기 때문이다.[19] 대신 우연적인 유한성은 실질적으로 존재하지만 제일 능동인에게서 고유한 모든 가능성을 부여받는데, 이 제일 능동인은 그것에 존재를 교류하고 아무런 대가 없이 그것을 보존한다.

스코투스는 하느님이 피조물과 갖는 현실적 관계를 강조하기 위해 고유한 표현인 실천(Praxis)이란 말을 쓰고 있는데, 이는 번역하자면 하느님과 피조물 간의 자유롭고 사랑스러운 사슬이라 할 수 있

---

17 *Ibid.*, I, d. 8, n. 31.
18 *Ibid.*, III, d. 18, q. un., n. 17.
19 *Ibid.*, I, d. 2, n. 437.

다.[20] 창조적 관계는 하느님과의 존재론적 종속성을 함유하고 있으며 이를 요청하기도 한다. 하느님은 우연적 존재의 내밀한 구조를 조건 지으며 그것을 가능태와 현실태의 관계로 옮겨놓는다. 따라서 인식 가능한 실재인 지성 존재뿐 아니라 사랑받는 실재인 의지를 통해 세계와 가까워지도록 해야 한다.

4. 사랑과 의지주의

스코투스에 의하면 세계 창조의 동기와 예수 그리스도의 강생 동기는 하느님의 무한한 사랑이라는 신학에 그 바탕을 둔다. 그리고 구원은 하느님의 무한하고 충만하며 구체적인 사랑의 표현이다. 힘으로 느낄 수 있는 이런 사랑과 교환 가능한 타자성으로 연계되는 사랑은 행위와 비전, 인간에 대한 해석과 관련되며 프란치스칸주의에 특별한 성격을 부여하는 거대한 실재다. 삶과 직결되는 프란치스칸주의에서 비롯된 철학과 신학은 성 프란체스코가 지닌 이지적인 마음과 사랑의 깨달음에 대한 철학이며 신학이다. "사랑 없이는 그 어떤 완전한 지식도 존재하지 않는다."[21] 이와 관련하여 스코투스도 말한다. "어떤 신학이 그것에 이끌려지는 목적과 방법을 보여주고, 의지가 자기 자신에게 포기되어 상실될 수 있는 길을 명확하게 보여준다면 학문의 사명을 달성한 것이다. 그런데 이 모든 것은 사랑의

---

20 *Ibid.*, prol., nn. 217–366.
21 St. Bonaventura, *I Sent.*, d. 10, a.1, q. 2, fund. 1.

전망 안에서다."[22] 사랑은 친교이고 역동성이다. 이유는 사랑은 깊은 이해와 올바른 행위를 정초하고 정당화하는 이유이기 때문이다. 그래서 스코투스는 사랑이 다름 아닌 행위라 여겼다.[23] 이는 무슨 이유로 의지가 스코투스의 학설에서 일차적인 위치를 점하게 되는지를 잘 보여준다.

프란치스칸 사상이 하느님을 바라보고 그분과 함께 관계를 짓는 특별한 방식이라면 그것은 역시 세계 안에서 존재하고 살며 자연적 창조물을 다루는 구체적이고 특수한 방식이다. 여기서 사물들, 식물들, 동물들은 인격화되는데 이는 창조주 안에서 창조물을 특별하게 느끼고 애정적으로 살기 때문이다.

스코투스는 인간의 전적인 사변이 하느님의 무한한 사랑의 역동성에 토대를 두고 있다는 점에서 인간과 삶에 대해 낙관적인 견해를 지닌다. 하느님은 존재론적으로 그리고 작용적으로 사랑이시다. "나는 하느님이 무엇보다도 자기 자신을 사랑하신다는 것을 주장한다. 그리고 하느님은 다른 존재들 안에서 스스로를 사랑하신다는 것과 이 사랑은 거룩하다는 것을 주장한다. 하느님은 최상 단계에서 당신을 사랑하는 자에 의해 사랑받기를 원한다. 여기서 말하는 사랑이란 하느님 밖에 있는 존재 혹은 창조된 존재의 사랑이다. 결국 하느님은 그 누구도 결코 죄짓지 말아야 하는 것과 마찬가지로 모든 것 위에 사랑받아야 하는 이 인간 본성의 본질적 위치를 미리 아신

---

22 *Ord.*, prol., p. 5, q. 2, nn. 310-311.
23 "사랑은 참된 실천이다." *Ord.*, prol., pars, V, q. 1-2, n. 298.

다."[24] 이런 이유로 인해 하느님은 영원으로부터 그리스도를 생각하였다. 그리스도의 충만함 안에서 하느님의 사랑을 받고 외적으로 이런 상호 인격적 관계에 적합한 답변을 주는 데 합당하고 유일한 위격으로서 하느님은 인간이 비록 범죄하지 않았을지라도 그리스도를 염두에 두고 계셨던 것이다.

한편 사랑은 만물의 원인이고 기원이며 모든 존재들의 근원적이고 원천적인 원리로의 귀환 내지 재회라는 역동성을 활성화한다.[25] 지상(terra)에 대한 사랑의 눈매는 토대가 마련되고 보존되어 동일한 지구의 창조주에까지 끌어올려진다. 프란치스칸 휴머니즘은 신적이든 인간적이든 실재를 구성하는 모든 영역과 관련된다. 프란치스칸주의에 입각하여 산다는 것은 세계 안에 그저 있다는 것이 아니라 공유하고 공존한다는 것 그리고 존재하는 모든 피조물과 평화로이 서로 나누는 바를 요청한다. 실제로 이는 통교와 참여, 총체적 형제성으로 들어 높여진다. 프란치스칸 메시지가 애정 안에서 운반하는 원리─평화는 사회적 전 인간적 영역 안에서 뿐 아니라 자연의 영역에서도 평화가 보편적이기를 의무화한다.

참으로 이런 정신에 물든 사람은 세계 안에 있어야 함을 의식하고 사물들과 모든 존재들과의 구체적 자연 안에서 살아야 함을 의식한다. 이런 세계와 더불어 갖는 관계는 얽힌 인간 실재로서 육체성의 범주에 의해서 뿐 아니라 모든 피조물을 향한 연민과 예의로 번역되

---

24 *Ox.*, IV, d. 2, q. 1, n. 7.
25 *Ibid.*, III, d. 28, q. 1, n. 2.

는 생기 있고 애정이 넘치는 모양새로 드러난다. 사랑은 최상적이고 첫째가는 이유이며 이 사랑에 의해 하느님은 영원으로부터 존재하고 알려지며 사랑받는 만물의 질서를 부여했다. 사랑은 이기주의적인 고독이 아니라 타자들에게 자유롭게 아무런 대가 없이 참여함이다. 참되고 질서정연한 사랑은 혼돈스럽고 무질서한 방식으로가 아닌 그 본성상 확산적인 까닭에 통교적이고 참여적이다.[26]

이렇듯 성 프란체스코와 함께 느끼고 사유하는 자들에게 있어서 자연은 축제를 위한 지평이 된다. 「태양의 노래」는 자연과 함께하는 형제적 만남의 기쁨 어린 위대한 표현이며 찬가다. 그 안에 있는 모든 존재들은 단순한 사물을 넘어서는 어떤 것이고 존재적 잉여가치를 타고났으며 그것들을 보호하는 친밀한 존재로서 형제-인간의 현존을 외치고 있다는 점에서 조종 가능한 도구로 환원될 수 없다. 참된 프란치스칸은 실존(existentia)의 의미를 고안할 필요가 없다. 왜냐하면 그는 심오하게 살고 성실하게 나누는 삶의 단순성과 투명성 안에서 그것을 발견하기 때문이다. 이는 일상생활 안에서 쇄도하는 편집되지 않은 기이함을 발견하고 감탄하는 진적으로 특수한 능력과 역동성을 그에게 선사한다. 이렇게 회복되는 놀라움의 능력은 현대인이 지극히 필요로 하는 것이다.

---

26 *Ord.*, IV, d. 1, n. 10.

5. 시간성

성 보나벤투라는 그 누구도 아우구스티누스보다도 더 낫게 시간
(tempus) 문제와 창조된 세계의 본성에 대해 올바로 기술한 적이
없다고 토로한 바 있다. 그렇지만 이 점은 초기 제자들이 새로운 학
설들로 제대로 뒷받침하지 못하고 아우구스티누스적 원리들을 포
기, 아리스토텔레스를 따름으로써 크게 약화되었다. 다른 부류의
사람들은 이교 철학의 영향을 훨씬 더 많이 받았으니 특별히 스코투
스에게서 이 점은 잘 드러나고 있다. 그는 더욱 엄밀하고 판명하며
날카로운 전문용어로 선임자들에 의해 전수된 이론들을 수정하고
발전시키며 확대시킨다.

우연의 세계는 시간성을 지닌다. 시간은 가장 보편적으로 인정되
면서도 가장 이해하기 어려운 철학적 범주 중의 하나로 남아 있다.
오죽하면 성 아우구스티누스는 다음과 같이 말했을까! "시간이란
무엇인가? 만일 아무도 그것을 나에게 묻지 않는다면, 나는 시간이
무엇인지를 안다. 그렇지만 나에게 그것을 묻는 자에게 설명하고자
한다면 나는 더 이상 시간이 무엇인지를 모른다."[27]

시간의 조건은 사물들의 변화성이다. 변화는 상태들의 연속과 연
계에 따라 상이한 존재 방식을 취하는 것이다. 지속과 시간은 다름
아닌 서로 다른 상태들의 연속성이다. 모든 것이 과거, 현재를 넘어

---

27 Augustinus, *Confessiones*, XI. 14.

서서 미래를 향한 전환점으로 흘러가는 것이라면 시간이란 애매모호하고 그것을 측정하는 일도 불가할 것이다. 따라서 어떤 식으로든 지속하고 자기 안에 과거의 기억을 유지하며 현재에 대한 의식을 확고히 지니고 미래에 대한 예상을 구축하는 무엇인가가 있어야만 한다. 상관적으로 견고한 이 어떤 것은 의식이고 영혼(anima)인데, 사건들은 바로 이 앞에서 발생한다. 그렇다면 영혼은 시간의 척도이고 "시간은 영혼의 확장이며 그 지속성이다"라고 하는 아우구스티누스의 주장은 일리가 있다. 이렇게 그는 객관적으로 시간을 정초하면서도 그것을 심리학적 개념으로 축소시키고자 했다.

시간의 주제에 접근하는 데 있어서 스코투스는 자신의 견해를 밝히기에 앞서 당대 의견들을 분석한다.

우선 아우구스티누스와 보나벤투라의 개념을 고찰하며 비판한다. 이들 주장에 의하면 시간은 무로부터 생겨난 존재 이후 존재를 지니는 모든 것 안에 자리한 것으로 모든 창조물이 지닌 특성이다. 이런 전망에서 시간은 무로부터 유로의 전이의 척도로 정의된다[28] 이와 관련해서 명민한 박사는 아리스텔레스적 시각으로 문제를 바라보면서 시간을 척도가 아닌 분량 차원에서 해석한다. 스코투스는 무와 비존재는 아무런 척도도 지니지 않는다고 보았고 비존재에서 존재로의 비약에서 척도는 시간적 차원에서 그 어떤 해석의 정당성도 지닐 수 없다고 여겼다. 이는 선각자들이 말한 바를 날카롭게 비판한

---

28 *Ord.*, II, d, 2, n. 188.

사실로 시간은 계속적인 운동을 측량하는 것으로 제한하였다. 그러니 정지 상태나 지속적이지 않은 운동은 그 측정 대상에서 제외된다. 더구나 무의 상태는 시간과는 전혀 별개의 것이다. 그렇다면 스코투스는 시간이 심리적, 정신적 변수의 척도로 주어지는 것을 거부하였음을 알 수 있다.

스코투스가 말하는 시간 개념은 매우 난해하고 복잡하게 느껴진다. 여기서는 단지 아리스토텔레스적 개념과 지속성의 관점에서 간명하게 요약하는 것으로 만족하고자 한다.

스코투스가 말하는 시간은 연계적이다. 이는 시간이 분량이라는 점에서 그러하다. 그는 "시간은 선차적이고 후차적인 것에 입각한 운동의 수(numerus)"라는 아리스토텔레스의 정의를 받아들인다.[29] 수는 척도이기 전에 분량(quantitas)이며 이러한 명시적 이유는 분할성(divisibilitas)이다.[30] 이 안에서 선차적인 것과 후차적인 것은 시간의 참된 부분들이다. 시간 안에 있다는 것은 수(數) 안에 있음을 의미한다. 한편 스코투스는 운동의 부분들을 시간의 부분들과 관련짓는다.[31] 그렇지만 운동으로써 그는 형이상학적 생성을 지향하지 않고 정지 상태에 따른 후차적인 우연적 운동을 뜻하고자 한다.

스코투스가 말하는 시간은 지속적 척도다. 왜냐하면 시간은 과거

29 *Quaest. in Metaph.*, lib. 5, q. 8, n. 2.

30 *Ibid.*, lib. 5, q. 9, nn. 2-4.

31 *Ord.*, II, d. 2, nn 95-115.

의 목적과 미래의 원리를 계속하기 때문이다.[32] 그렇지만 그것이 아우구스티누스가 말하는 심리적 척도로 축소되거나 정신적 변수의 척도로 주어지는 것은 반대한다. 운동은 시간에 종속됨 없이 변화에 앞장선다. 이런 의미에서 하느님은 창조하는 일이 변화를 수반할지라도 시간과는 상관없이 무엇인가를 창조할 수 있었을 것이라고 생각할 수 있을 것이다.

6. 그리스도 중심주의

스코투스는 우주의 놀랍고도 심오한 견해를 제시하는데 그것은 일의성(一義性, univocitas)의 이론과 더불어 형이상학적 측면에서 그리스도 중심주의와 함께하는 경우다. 이는 신학적 전망으로 펼쳐져 피조물과 그들을 감싸는 실질적이며 전적인 존재, 유한하고 무한한 존재, 우연적이고 필연적인 존재를 존재론적으로 구축하기에 이른다.

그에게 있어서 그리스도는 하느님과 인간 간의 관계에 있어서 철학 및 신학의 중심일 뿐 아니라 창조된 세계와의 관계에 있어서도 존재론적 중심이 된다. 이는 마치 존재와 구체적 인간을 설명하는 데 있어 그분이 논리적 중심이 되는 것과도 같다. 하느님 계획에 따라 그리스도는 모든 피조물의 필수불가결한 요체이며 창조물의 필

---

32 *Ibid.*, II, d. 2, n. 106.

연적 초석이고 명시적 이유다. 이런 방식으로 그리스도는 신학적 정당성을 지니며 동시에 형이상학적, 논리적 정당성을 지닌다. 이유는 육화된 말씀이 하느님의 최상작품(summum opus Dei)이기 때문이다. 이 작품은 영광과 은총 그리고 상급 질서에서 첫자리를 차지한다. 왜냐하면 그리스도는 "우리의 논리이며 우리의 이성이기 때문이다."[33]

이런 주장은 이미 보나벤투라에게서 예상된 바다. 성 보나벤투라에게 있어서 그리스도는 삶의 규범이며 계획일 뿐만 아니라 동일한 인간 실재의 사변적이며 해설적인 주제였다. 만물의 알파요 오메가로서 강생된 말씀을 바라보고자 한 보나벤투라는 그리스도를 "모든 학문의 중개자(medium omnim scientiaum)"로, 형이상학과 사변적 학문의 중심으로 보았다. 그뿐만 아니라 그리스도를 경배와 표본, 구원의 주제로 제시하면서 성서의 전망에 입각하여 그리스도적 인간학과 휴머니즘의 원천적이며 해설적인 원리로 제시하였다.

스코투스 역시 그리스도에 대한 시각은 참으로 고상하며 보나벤투라의 뒤를 이어 프란치스칸학파의 그리스도 중심주의를 이룩하는 데 결정적인 영향을 미쳤다. 하느님은 말씀을 통해 세계를 창조했다. 말씀이 모든 것의 중심이라면 그 말씀은 시간과 우주 역사의 중심이다. 이 그리스도 안에서만 시간과 역사에 대한 영감이 성취될 수 있다. 이 육화된 말씀은 신약성경과 구약성경에 나타난 확신에

---

33 *Reg. non boll.*, col. 1, n. 30.

찬 설명일 뿐 아니라 역사의 이성적 중심이다. 왜냐하면 그리스도는 우리가 지닌 합리성의 중명사(中名辭)이기 때문이다. 또한 말씀은 형이상학의 열쇠다. 그 이유는 말씀이 모든 것의 모형인(模型因)이기 때문이다.

또한 그리스도는 물질적 우주의 본성적 중심인데 이는 모든 것 안에 중개성을 지니고 있다. 이런 원리와 신학적 비판 기준에 입각하여 우리는 이제 인간 삶을 다양한 차원과 염원 안에서 올바로 바라볼 수 있고 해석할 수 있게 되었다.[34] 우주 전체는 신성의 광대무변한 성사다. 모든 존재는 삼위이신 신비의 비유와 암시의 대양이다. 따라서 하느님과 피조물 사이에는 어떤 합치점이 존재한다. 이런 관계는 아리스토텔레스의 삼단논법을 통해 발견될 수 있는 것이 아니라 그리스도를 통해 발견된다.

그리스도는 창조되고 창조하는 우주의 종합이다. 그분은 모든 존재의 최고 정상이며 하늘과 땅의 절대 중심이다. 스코투스가 토대를 이루어 프란치스칸학파가 그 바탕으로 삼고 있는 원리는 다름 아닌 "예수는 인간으로서 하느님에 의해 사유되고 원의된 그 자체로서의 첫 번째 창조물이시다"라는 것이다. 여기서 "첫 번째 창조물"이라고 말해지는 것은 연대기적인 의미의 일차성도 아니고 품위나 최상 가치의 측면에서 말해지는 것도 아니다. 그것은 어디까지나 목적인(Causa finalis)이나 모형인, 능동인(Causa efficiens)이라는 측면

---

34 Cf. E. Longpré, *La Royauté de Jésus – Christ chez S. Bonaventure et le B. Duns Scot*, Montreal, 1927, 10–16.

에서 그러하다. 다시 말해 천상천하의 다른 모든 피조물들은 그리스
도에게 달렸고 그분을 통해 이루어졌으며 사도 바오로가 말하듯이
그분을 위해 창조되었다는 뜻이다.

> 그분은 보이지 않는 하느님의 모상이시며
> 모든 피조물의 맏이이십니다.
> 만물이 그분 안에서 창조되었기 때문입니다.
> 하늘에 있는 것이든 땅에 있는 것이든
> 보이는 것이든 보이지 않는 것이든
> 왕권이든 주권이든 권세든 권력이든
> 만물이 그분을 통하여
> 또 그분을 향하여 창조되었습니다.
> 그분께서는 만물에 앞서 계시고
> 만물은 그분 안에서 존속합니다.
> 그분은 또한 당신 몸인 교회의 머리이십니다.
> 그분은 시작이시며
> 죽은 이들 가운데에서 맏이이십니다.
> 그리하여 만물 가운데에서 으뜸이 되십니다.
> 과연 하느님께서는 기꺼이
> 그분 안에 온갖 충만함이 머무르게 하셨습니다.
> 그분 십자가의 피를 통하여 평화를 이룩하시어
> 땅에 있는 것이든 하늘에 있는 것이든
> 그분을 통하여 그분을 향하여

만물을 기꺼이 화해시키셨습니다.[35]

이렇게 볼 때 세계, 인간, 삶 그리고 역사 자체는 그리스도적 기반을 갖추고 있다. 이런 그리스도 중심주의적 실재성을 깨닫지 못한다면, 우리는 우리를 둘러싸고 있는 자연 안에서 구체적 인간뿐만 아니라 인간 역사를 제대로 이해할 수 없다. 이러한 신학적, 형이상학적 계획 안에서 스코투스는 아시시의 성 프란체스코의 생활한 체험과 보나벤투라의 신비론 및 형이상학과 완전히 일치하고 있다.

피조물은 가면 갈수록 자신들의 결정적인 실현을 염원하며 목말라한다. 자연과 인간은 적대적인 긴장관계에 놓여 있지 않으며 오로지 교류와 참여, 소통과 분여라는 변증법적 관계 안에 놓여 있다. 구원은 모든 창조물이 창조자이면서 결정적 완성자인 하느님에게 기울어지는 한 공동체적이고 조화적이다. 그렇다면 무엇보다도 "하느님의 아드님으로 운명지어진"[36] 그리스도는 세계의 모든 피조물과 함께하는 우주의 결정적 완성자로 자리한다는 것을 분명하게 받아들일 필요가 있다.

7. 완성을 향한 현존

흔히 이론과 실재 안에서 신은 우주를 창조한 존재, 그러면서 그

---

35 콜로 1:15-20.
36 *Rep. Par.*, III, d. 19, q. 1, nn. 7-9; *Ox.*, III, d. 7, q. 3, nn. 3-4.

것을 포함하는 존재로 제시된다. 그렇지만 신 존재는 아주 멀리 떨어져 그의 하늘 세계와 침묵 중에 머무른다. 이런 식으로 비친 하느님은 인간 삶에 무관심하며 때로는 두려운 존재, 무익한 신으로 비치기도 한다. 사람들은 무신론이라는 이론적 체계로 애초부터 신을 사살하고 그 부재(不在)를 전제로 한 독단적 사상들을 여기저기에 마구 흩뿌려놓는다. 여러 상황에서 주목할 수밖에 없는 신에 대한 거부와 침묵에도 불구하고 종교는 계속해서 이에 대한 도전장을 내밀고 있다.

이와 관련하여 프란치스칸주의는 신적이고 인간적이며 이성적이고 비이성적인 모든 존재들 앞에서 즉발성과 구체성의 의미를 그 특징으로 삼으면서 위대한 역할을 수행할 수 있다. 프란치스칸 경험은 성 프란체스코와 그 추종자들이 모든 존재, 모든 사람과 하느님과 함께 형제적 관계 안에 있는 전체성의 존재론을 전달한다. 이런 방식으로 모든 존재는 익명성에서 벗어나 우의적이고 인격화된 실재로 변모된다. 이러한 현존은 하느님, 인간들, 자연과의 애정 어린 통교이고 참여다. 인간 존재는 비인간적으로 다른 이 앞에 위치하는 것으로 축소될 수 없고 우주적 친교와 형제성으로 변모되어야 한다. 이런 주장은 재창조라는 섭리 개념 하에서 이해할 때 그 효력을 발휘할 수 있다. 창조 개념이 도입된 후 섭리는 역사와 세계 안에서 개별자에게까지 끊임없이 개입하는 신적 활동이다. 즉 하느님은 세계를 창조한 다음 그저 모른 채 뒷짐을 지고 있거나 마냥 방치하는 분이 아니다. 헤겔의 표현대로 무한자는 유한자 안에서 끊임없이 자신을 실현해 가고 있다. 섭리 혹은 완성을 향한 재창조 개념은 사랑으로 나타나며 모든 창조물을 각각의 고유한 본성에 의거, 선한 목적으로 이끈다는 개념이다. 이런 이유로 하느님은 매우 특별한 모양으로 아버지(Pater)이고 섭리인 것이다. 따라서 인간은 더 이상 극적인 단독자(單獨者)도 아니고 운명의 여신에게 방치된 존재도 아니다. 우주의 모든 존재들이 구성적으로는 서로 간에 유일한 유적 계획에 묶여 있다면 이 안에서 인간은 연계성과 상호관계라는 고상한 사명을 띠고 있다. 그렇다면 내적 가능성과 불가성 속에서 근원적으로 분석되는 스코투스적 인간은 의지와 낙관주의로 엮어져 세계 내 상호관계를 구축, 존재들의 제일원리를 향한 변증법적 요소의 종합으로 우뚝 서는 참 모델이 될 수 있다.[37]

프란치스칸 세계는 보나벤투라가 적고 있듯이 "인간에 의해 세워진 집"으로 파괴나 멸망으로 치닫는 비관주의 철학에서 말하는 세계와는 전적으로 다르다. 집의 개념은 언제나 친근성과 가족적인 느낌을 지닌 따스한 난로와도 같다. 세계가 이러한 거처로 변모하지 않으면 적대적인 것이 되고 말 뿐이다.

이 시대의 많은 이들은 카프카(F. Kafka), 릴케(R. M. Rilke), 하이데거, 모노(G. Monod) 같은 사람들이 기술하는 이방인이나 조국도 없이 떠도는 이국인처럼 타지에서 깊은 슬픔에 잠겨 살아가고 있다. 이유는 현대인이 존재에 대한 망각에 이르렀고 또 세계 지평 안에 받아들여져 보호되고 있음을 느끼지 못하기 때문이다. 조국 상실

---

37 Cf. *De Primo principio*, c. 1, Introd.

과 소외가 세계의 운명이 되어 버린 이국 문화는 인간적이고 인간화된 만남을 통해서만 더 수용적이고 형제적이며 친밀한 세계에 이를 수 있다. 그렇게 될 때 사물들을 조종하는 것을 포기하고 그것들과 함께 살아가는 것을 배우게 된다.

칸트는 자기의식에서 출발하여 세계를 구축했기 때문에 세상이 자신에게 속한다고 보았다. 과학기술자는 세계를 지배하기 때문에 자신에게 속하고 부자는 발자크(H. Balzac)가 그랬듯이 그것을 구매했기 때문에 자신에게 속한다고 버젓이 말하는 세상이 되었다. 그렇다면 성 프란체스코도 한마디 할 수 있을 것이다. 세계는 지성과 의지 및 기술로 그것을 소유하고자 하는 바를 포기했기 때문에 무상으로 주어져 자신에게 속한다고 말이다. 세계는 우리가 그것을 인식하기 때문도 아니고 지배하기 때문도 아니며 조종하기 때문도 아니라, 친교를 나누며 우리의 실존적이고 생활한 지평으로 거기서 출발하여 살기 때문에 우리에게 속한다. 이는 창조주가 존재(Esse)이고 창조는 존재의 분여(分與)이며 창조된 존재는 존재가 아닌 단지 존재를 가질 뿐으로, 이는 분유를 통한 수혜(受惠)가 어떤 행동방식으로 창조계를 품고 살아가야 하는지를 잘 가르쳐주고 있다.

제 6 장
신을 향한 아름다운 노정

"사막이 아름다운 건 어디엔가 우물이 숨어 있기 때문이야."

어린 왕자가 말했다.

사막의 그 신비로운 빛남이 무엇인가를 문득 깨닫고 나는 흠칫 놀랐다. 어렸을 적에 나는 오래된 집에 살고 있었는데, 그 집에는 보물이 숨겨져 있다는 이야기가 전해 내려왔었다. 물론 아무도 그것을 발견하지는 못했다. 어쩌면 찾아보지 않았는지도 모른다. 그런데도 그 보물로 해서 그 집은 매력이 넘쳐 보였다. 그 속 깊숙이 어떤 비밀을 간직하고 있기 때문이었다.[1]

---

1 생텍쥐페리, 『어린 왕자』, 정소정 옮김, 하서, 2009, p.114.

아름다움, 정말 아름다운 것은 감추어져 있을지 모른다는 생각이 들게끔 하는 멋진 내용이다. 그러니 최고조에 자리한 미(美)를 세상의 눈으로 본다는 것은 도무지 있을 수 없는 일이다. 이런 아름다움과 서로 환치(換置)되는 참됨과 선함 역시 그러하다.

인간 감각작용에 드는 약간의 진(眞)과 선(善)만이 두 눈으로 보고 감지될 수 있을 뿐 최고진, 최고선은 눈 밖에 나 있을 수밖에 없다. 그러니 만사의 비밀을 꿰뚫어 삭막한 세상에 보물을 찾아 안겨주는 제일철학, 형이상학이 필요한 것도 바로 이런 이유 때문이 아닐까.

하이데거에 의하면 자각적인 존재라는 의미의 현존재, 즉 인간은 자연세계에 관심을 갖고 그 세계와 늘 교섭(交涉)한다. 세계는 이런 관심을 둔 인간과의 상호 교호 방식에 입각하여 대응한다. 근자에 와서 이러한 의미를 깊이 있게 간파한 적지 않은 사상가들은 세상이 아니면 그 어떤 곳에서도 인간이 발을 붙일 수 없음을 깨닫고 이 세상에 똑바로 서 있을 것을 권고하고 나섰다.

『대학』을 보면 주희가 보충해 넣은 「보망장(補亡章)」에 잘 알려진 격물치지(格物致知)에 관한 내용이 있다. 즉 인간은 사물과 함께 존재한다. 인간은 자신이 존재하는 세계의 사물에 대한 지각 인식 능력을 갖고 있다. 지각 인식의 능력은 다름 아닌 지(知)를 말한다. 인간은 정도의 차이는 있을지라도 태어날 때부터 누구나 '지'를 갖고 있다. 따라서 사물과 자연세계는 지의 대상이며 또 그것의 형상, 계발의 계기가 된다.

사물이 구명되어 거기에 내재하는 이치를 터득하게 될 때 인간은 지적 계발을 크게 이루어낼 수 있다. 이런 바탕이 마련된 뒤에야 인간은 자기 이념을 조명하여 선선사정의 윤리적 가치에 대한 명석한 통찰도 가능하게 된다. 문제는 물질과 기술문명의 범람으로 말미암아 지의 세계가 축소되고 멸하면서 세계를 바라볼 수 있는 인식 능력이 점차 감소하고 있다는 서글픈 사실이다. 그러니 오아시스는 상상조차 되지 않고 오로지 삭막한 세계만이 눈앞에 펼쳐져 있을 뿐이다.

외계에 로켓을 발사하고 우주기술을 극대화시켰음에도 불구하고 지금으로선 달나라와 같은 그 어떤 위성에도 몸을 편히 내맡기며 살아갈 수가 없다. 우리가 몸담고 살아가는 이 세상은 누가 뭐래도 따스한 난로와도 같은 보온처다. 물리적 차원에서 만유인력의 법칙을 벗어난 공간에서 몸을 지탱하며 살아간다는 것은 어쩌면 허상에 불과한 이야기일지도 모른다.

인간은 세계에 자신을 드러내며 일정한 공간을 차지한다. 나로부터 시작해서 너 그리고 우리, 너희가 있고 3인칭인 그와 그들이 몸체를 드러내며 땅에 발을 붙이고 산다. 불행하게도 이 있음은 있음으로서가 아니라 힘들게, 비상관적으로, 비대칭적으로, 모순과 반립의 대치 상태로 있는 경우가 허다하다. 이것이 바로 문제다. 세상의 감추어진 아름다움과 배치되는 흉측한 모습들이 여기저기 너저분하게 깔려 있는 것이다.

세계는 이런 복잡한 몸체들의 그물망으로 엮여 있다. 그것들은 군데군데 터져 있고 찢겨 있으며 낡아빠진 몹쓸 물건처럼 그렇게 있다. 한마디로 타자와의 일치가 결여되어 있고 인격들이 되는 데 도달하지 못하고 있는 것이다. 이는 원초적으로 인격이 자기 스스로

기체(基體)가 되는 것에 운명지어져 있음을 알지 못하는 불행에 감싸여 있음을 말해 준다. 자기존재로부터 출발하지 못하기에 타자를 위한 존재로 개방되지 못하고 있는 것이다.

나와 너의 관계가 이래서는 안 된다. 세계와의 모든 관계 이전에, 아니 세계와는 일단 독자적으로 존립하는 자아는 무엇보다도 다른 사람인 너와 상관관계를 맺고 있음을 직시할 필요가 있다. 이 같은 타자(他者)와의 관계는 즉각성이라는 특성을 지닌다. 타자는 개념이나 환상이 아닌 즉각적으로 현존하고 있기 때문이다.

너 즉 타자는 경험이나 학적 태도에 종속되지 않는다. 그러기에 파악하기 힘든 신비다. 타자는 함부로 대하거나 마음대로 할 수 있는 존재가 아니다. 타자는 결코 '대상'이 아니기 때문이다.

이런 타자는 절대로 충분하게 알려지지 않으며 신적 관계성이 반영되는 불가해한 신비처럼 나타난다는 것을 직시할 필요가 있다.

인간들 사이의 관계는 사물들과의 만남에 있어서처럼 세계를 대상화하는 공간과 지평으로서가 아니라 오히려 상호 인격적(zwischen) 공감대로 위치시켜야 한다. 참된 실재와 존재는 관념론에서처럼 더 이상 주관성이 아닌 인격들의 만남이기 때문이다. 나와 너 안에서 구성되는 상호주관성은 바로 이때 실현된다.

이러한 상호 인격적 실재성은 인간을 존재케 하는 창조주 하느님과 분리될 수 없다. 너와의 만남은 신을 향한 여정이며 노정인 까닭이다. 한마디로 상호 인격적 관계는 절대자인 그분과 비밀스럽게 묶여 있는 것이다. 이런 사실을 눈치 채는 이는 그리 많지 않아 보인다.

그렇다면 어려운 말처럼 들릴지 모르지만 아름다운 인격이 될 수 있는 중요 포인트는 '순종적인 가능태의 자세'가 감추어진 보물과도 같은 '신적 위격(Persona divina)'에 의해 받아들여지는 한에서 가능하다. 형이상학적으로 말하자면 신의 '가능태적 종속성' 안에 인간이 주어졌을 때 그는 낡은 그물망에서 빠져나올 수 있다.

인간성은 그것이 인간성인 한에서 최대의 단순성이다. 그렇지만 복잡한 삶을 통해 정복되는 단순성이다. 인간성의 비극은 살지 않고서는 인간적이라는 것이 불가능하다는 사실에 있다. 사는 한, 인간은 인격이다. 그러나 인간이 삶을 살면 살수록 인간적이 된다는 것은 더 어렵게 된다. 인간은 복잡한 삶에 반기를 들어야 한다. 그렇게 함으로써 그는 인격이라는 상급적인 단순성 안에서 결정적으로 삶을 통합할 수 있다. 이를 해낼 수 있는 능력이 없다면, 우리는 실현된 인격체로 존재할 수 없다. 복잡한 삶에 대해 실망감을 갖게 될 때, 우리는 고리가 없음을 느끼게 되고 인생과 우리의 존재를 동일시하는 데 이르게 된다. 고리가 없다고 느껴지는 존재는 무신적 존재이며 자기 자신의 근본에 도달하지 못한다.[2]

근본적인 고독과 유아론(Solipsism)을 살아가면서도 신에게 개방되는 충만함일 수 있다면 그런 존재는 여하한 모든 인간 삶 중에 가

---

2 Zubiri, *Historia, Naturaleza y Dios*, pp.335-336.

장 아름다운 삶일 수 있다. 이는 가지가 나무와 연결되고 결국엔 그 결실인 열매와 뗄 수 없는 관계를 맺고 있는 것과도 같다.

나무가 진정 아름다운 것은 나무가 '나무로서 있음' 때문이 아니라 인간의 입김이 거기에 가미되고 나무의 가능태가 인격과 노닐 때 참으로 나무로서의 아름다움(美)을 소지할 수 있다. 이것이 바로 나무의 인격화이며 자연의 인간화인 것이다.

나무만 있으면 그것은 어디까지나 나무에 불과하다. 그러나 나무가 지닌 각혼에 인간혼이 불어넣어질 때에 나무는 더 강력한 미성으로 탈바꿈할 수 있다.

동양의 고전인『경행록』에서 우리는 본래적 해석에서 벗어난, 다시 말해 비록 빗나간 각도에서나마 이와 관련된 부분을 연결시켜 간명하게 해석해 볼 수 있다.

> 목유소양(水有所養)이면 즉근본고이지엽무(則根本固而支葉茂)하여 동량지재성(棟樑之材成)이다.

이 말은 나무를 잘 기르면 뿌리가 튼튼해지고 가지와 잎이 무성하여 마룻대와 대들보감을 이룬다는 뜻이다. 나무가 쓰임새 있는 도구들로 거듭나기 위해서는 나무라는 질료 자체만으로는 불가능하기에 거기에는 필히 인간의 형상(形相)이 가미되어야 한다. 그렇지 않으면 나무가 마룻대나 대들보가 될 수 없듯이 자연에서 문명의 도구로 탈바꿈할 수 있는 길이 전혀 있을 수 없게 된다. 인간 존재 역시 신 앞에서 이런 나무에 비유되어 설명될 수 있다.

인간은 지혜인에서부터 공작인, 경배인, 해학인, 축제인에 이르기까지 다양하게 정의되고 개념될 수 있지만, 전적으로 그는 신을 향한 정신임을 간과해서는 안 된다. 인간은 분명 곤궁하면서도 근원적으로는 영원을 희구하는 존재이기 때문이다.

자신의 실존적 여정 중 결코 자신을 성취하지 못하는 인간 존재는 자신과는 구별되는 실재를 향한 긴장과 요청을 지닌다. 이런 인간은 본래적인 아름다움과는 상당한 거리감이 있다. 그럼에도 불구하고 그는 모든 흉함을 걷어치우고 싶어 하는 미적 열망을 소유하기에 진정한 미성(美性)인 절대존재를 요청하게 된다. 포도나무가 농부의 손을 필요로 하듯이 말이다. 그렇게 될 때 나뭇가지가 풍성한 열매를 맺을 수 있듯이 그도 절대존재 안에서 자기를 실현할 수 있게 된다.

에스파냐 남부에 자리한 섬 란제로테는 화산 폭발로 인해 생겨난 땅으로 지금도 산봉우리 주변에서는 시뻘건 불길이 여기저기서 치솟고 있다. 풀 한 포기 찾아볼 수 없는 그야말로 황량하기 짝이 없는 불모지임에도 불구하고 그곳에서는 포도나무만이 유일하게 바위틈을 뚫고 건재한 생명력을 과시하고 있다.

> 나는 포도나무요 너희는 가지다. 내 안에 머무르고 나도 그 안에 머무르는 사람은 많은 열매를 맺는다. 너희는 나 없이 아무것도 하지 못한다.[3]

---

3 요한 15:5.

험악한 세상에서 인간이 포도나무로 화한 그리스도와 함께하지 않는다면 성취할 수 있는 것이라고는 아무것도 없다는 이 비유 말씀이 절절한 가르침으로 다가오는 것도 바로 이런 험악한 지형을 염두에 두는 경우 어쩌면 더 생생하게 들려오지 않나 싶다.

포도나무의 비유에서 핵심이 되는 부분은 상호관계성과 발전적 성숙성이다. 요약하면 이것은 가지와 나무 사이에서 끊임없이 반복하며 부요함을 상호 교호 속에 누리게끔 하는 현존재 인간과 영원한 존재인 인간 그리스도 간의 인격적인 관계를 두고 하는 말이다.

언제부턴가 나무는 인간이 배제된 채 목재와 동격이라는 등식이 성립하면서 자연으로부터 얼마든지 분리 가능한 질료로 등장하기 시작했다. 마룻대, 대들보, 책상, 의자, 장롱 등으로 그 모습을 달리한 것이다. 이는 자연의 분립이면서 인간과 자연이 상극적 대치 상황으로 화했음을 여실히 보여주는 대목이기도 하다. 좋게 보면 자연으로부터 문명세계로의 이탈이지만, 한편으로는 자연과 현실 간에 나타난 강력한 대립적인 관계임을 눈여겨보지 않을 수 없다.

인간 역시 그러하다. 근대 이후 인간 역사는 신으로부터 독립 내지 단절을 요구하며 한때 삶의 터전인 자연을 신주단지처럼 모시는 우를 범했었다. 에리우게나(S. Eriugena)가 『자연의 구분론』이라는 책자에서 그러한 요청을 시도한 다음 르네상스 시대의 브루노(J. Bruno)가 거기에 가세했고, 근대에 이르러서는 스피노자가 그러한 흐름을 철학적으로 재구성했다. 이로 인해 모든 것을 자연의 총체성으로 보며 자연을 다름 아닌 신으로 여기는 공식으로 전환시켜 창조주와 창조물을 동격으로 해석하는 믿음의 전환점을 서구인들에게 제공해 줌으로 전대미문의 새로운 세계관을 구현하는 듯했다.

자연과 인간의 관계를 정상적인 교섭 측면에서 바라보지 못하고 자연만을 우상화, 신격화로 떠받듦으로써 결국 인간이 세계와 갖는 관계는 오작동될 수밖에 없었다.

인간은 이전의 참된 신상 앞에서 허리를 구부리고 흠숭을 드리는 존재에서 벗어나 자연이라는 제단 자체에 만족하는 새로운 존재로 부상하고 있는 중이다. 그렇다고 인간을 신이라고 여기지는 않지만 그 조각 정도만큼은 된다는 식의 믿음은 슬그머니 사람들 사이에 널리 퍼져 있어 틈만 나면 위조된 몸체를 밖으로 드러내어 인정사정없이 덤벼들 태세다. 이는 마치 인간이 바다는 아닐지라도 그 거센 파도가 바위에 부딪혀 하얗게 뿜어 나오는 물보라 정도는 된다는 식으로 인간을 바다라는 권역에 악착같이 가두려는 태세인 것이다.

이런 사상은 자연이 신성시되는, 다시 말해 자연 이해가 과도시되는 현대사상 혹은 종교적인 가르침으로 사방 천지에 깔려 있다. 이는 참으로 위험천만한 사상이며 허무맹랑한 가르침이다. 자연은 자연으로서 마땅한 품위가 존중되어야 하고 그에 걸맞은 애정과 보호심이 깃드는 것으로 충분하다. 자연이 신성시된다든지 인간이 거기에 속한 부품으로 여겨지는 일은 결코 있어서는 안 된다.

자연을 구성하고 있는 물질과 관련을 맺고 있는 것에 대해 우리가 끊임없이 사유하는 경우에도 물자체(物自體)는 알려지지 않는다. 더구나 물질은 경험에 직접적으로 예속되지도 않는다. 왜냐하면 물질은 전적으로 수동적이기 때문이다. 또한 경험은 인간과 사물을 가로지르는 실재도 아니다. 그것은 전적으로 인간 안에서 발견된다.

이런 의미에서 물질의 전적인 의미는 나, 즉 인간에게서 나올 수 있을 뿐이다. 그렇다면 물질이나 자연을 바라보는 인간의 안목이 어떠냐에 따라 자연세계의 움직임도 달라질 수밖에 없다.

자연을 창조물이 아닌 창조하는 자연(natura naturans)이니 창조된 자연(natura naturata)이니 하는 식으로 받아들이는 스피노자의 이론은 신의 세계를 무차별적으로 박멸하는 것임을 잊지 말아야 한다. 이런 곳에는 '나'와 '그분'과의 인격적 관계로 설명되는 포도나무의 비유와 같은 말씀이 자리할 공간은 단 한 치도 없다.

우리는 자연의 인간화를 언급하면서 자연과의 관계로의 인간 환원만큼은 거부했다. 참된 관계는 다른 사람(Ich-Du)과의 현존과 이를 넘어서는 출중한 관계로서의 근원적, 일차적 인식인 신 존재와의 만남에 두어야 한다는 것이다. 왜냐하면 거기야말로 최상의 진선미가 존재하기 때문이다.

신의 존재는 삭막한 세상에 감추어진 보물과도 같은 것으로 포도가지인 창조된 인격체들의 노정과 함께하려는 신인(神人)인 포도나무의 구체적인 몸짓에서 잘 드러났다. 이를 간파하며 사는 것이야말로 흉측한 삶의 그물망에서 벗어나는 길이며 자존감 넘치는 마음속에 최고의 아름다움을 간직하며 살아가는 비법인 것이다.

제4부

근대 이후의 반종교적 흐름

제 7 장
계몽주의 산책

계몽주의(Enlightment)는 인간 정신에 장애가 되는 모호한 신비와 무지를 벗기는 이성의 능력에 전적인 신뢰심을 둔 사상이다. 이는 인간을 계몽하고 교육하는 가운데 더 인간적이고 행복하게 하는 특성을 지닌 유럽의 정신적 운동으로 18세기에 들어서서 황금기를 맞았다.

계몽주의는 더 이상 이전 시대의 원리나 가치들을 받아들이지 않고 권위의 원리를 끌어내려 인간 정신을 무지와 우상, 선입견에서 해방시키려 한 데 특별한 목적을 두고 있었다. 그렇게 함으로써 이성과 자연에 반대되는 것을 파괴하고 모든 것들에 대한 증명과 이성을 습관적으로 요청하는 동시에 사회교육 전반에 합리성의 표지를 심어주고자 했다. 결국 이 사상은 '이성-신' 그리고 자연의 재발견 내지 절대화라 할 수 있으며, 이들이 말하는 이성은 유일한 데카르트적, 경험론적이라는 의미를 함유하고 있다.

1. 계몽주의 상황

우리는 계몽주의가 발생하게 된 역사적, 문화적 요인으로 무엇보다도 먼저 르네상스를 들 수 있다. 인본주의를 표방한 르네상스는 이전 학문과 철학적 권위 내지 원리에 반기를 들고 갈릴레이의 새로운 과학을 앞세워 자연에 대한 연구로 눈길을 돌렸다. 그 결과 르네상스 정신은 18세기에 이르러서는 '과장된 이성주의'로 나타났다. 개혁의 물결은 권위의 원리에 반기를 드는 종교 차원으로까지 확대되었다. 네덜란드와 특별히 영국에서 개혁의 정치적 동기는 종교적 동기와 맞물려 보조를 함께했고 권위의 원리에 반기를 든 투쟁은 정치 영역에서 그 힘을 발휘하기 시작했다.

데카르트의 합리론 역시 명석판명한 이데아들을 요청하면서 이미 자아의 영역을 확보하고 있었다. 그렇지만 자아가 전면에 등장하게 된 주요 요건은 18세기 과학이 이룩해 낸 거대한 업적 때문이다. 따라서 문화는 더 이상 문화적인 것이 아니라 과학적인 것으로 변모되기에 이른다.

실제로 계몽주의의 노선을 결정적으로 자극한 요소는 과학이었다. 끊임없는 철학적 논쟁들, 결코 도달할 수 없는 결론들에 직면하여(적어도 계몽주의자들은 그렇게 생각했다) 과학은 나름대로 경험 자료들에 대해 무엇인가 분명하고 확실한 것을 논증해 내야만 했다. 갈릴레이, 뉴턴, 데카르트, 파스칼, 보일(Boyle), 라부아지에

(Lavoisier), 린네오(Linneo), 뷔퐁(Buffon), 갈바니(Galvani), 와트(Watt), 볼타(Volta) 등은 과학으로 세계를 더 낫게 변화시킬 수 있음을 그 누구도 거부할 수 없을 만큼 설득력 있게 논증하였다. 이는 이성이 형이상학적 추상이 아닌, 현상들의 분석에 방법론적으로 적용되었기 때문이다.

2. 철학의 기본 노선

거대한 과학적 움직임은 철학 안에 어떠한 결과들을 가져왔는가? 증명과 이론 그리고 가설들 안에서 과학 일반은 감각으로 지각 가능한 것에 그 기반을 두고 있는 데 반해, 일련의 사상가들은 평범한 유물론과 무신론에 빠져들었다. 예컨대 라 메트리(La Mettrie), 디드로(Diderot), 돌바흐(D'holbach), 자크-앙드레(Jacques-Andre) 등이 바로 그런 사람들이다. 그렇지만 이것이 당대의 지배적인 철학 노선은 아니었다. 왜냐하면 유물론으로는 과학과 관련된 참된 경향을 아무것도 표현할 수 없었기 때문이다.

과학은 유물론을 위한 것도 아니고 유심론을 위한 것도 아니다. 이 학의 특징은 순수 현상론이다. 사실 실증과학은 갈릴레이와 함께 사물들의 본질들을 꿰뚫어보는 것을 포기하고 현상들과 그 관계들을 규정하는 법칙을 고찰하는 데 머물렀다. 그러한 경우에만 실증과학은 강화될 수 있었다. 따라서 18세기 과학의 거대한 발전은 어떤 의미에서 명백한 현상론에 그 기원을 두고 있음을 알게 된다. 이러한 현상론은 낡은 독단론을 거슬러 투쟁해야만 했다. 실제로 당시

대부분의 사상가들이 지닌 특징적인 정신적 태도가 현상론이었음은 그 누구도 부인할 수 없을 것이다.

3. 계몽주의 철학의 특징

중세인(中世人)들이 하느님과의 관계를 굳건히 함으로써만 자신의 존재 의미를 지닐 수 있었다면, 르네상스 이후 근세인들은 스스로 자신의 고유한 가치와 품위를 자각하였다. 그러므로 순종과 겸손을 미덕으로 삼던 중세와는 달리, 자기의 권리를 주장하고 재능과 힘이 뛰어난 개인이 찬양을 받는 새로운 시대가 도래했던 것이다. 특히 르네상스의 휴머니즘은 스토아 학자들의 보편적 인간성의 개념을 내포하고 있었는데, 이에 의하면 인간은 이성적 존재로 그 본질과 가치는 누구에게 있어서나 동등하다는 생각이었다. 이와 같이 당대의 휴머니즘은 보편적 인간성과 개성 존중이라는 양면성을 지니고 있었다.

그 후 18세기에 이르러 계몽주의적 합리론이 크게 득세하기에 이르는데, 그 일반적인 특징은 다양하게 지적될 수 있다. 그러한 특징들은 문화적, 역사적 그리고 사회적 차원에서도 매우 중요한 요소로 간주된다.

1) 권위의 원리에 대한 투쟁

이성이 참되고 유일한 지식의 원천이라면, 이것을 떠나 다른 사람들에 의해 우리에게 주어진 모든 것은 어떤 형태로든 비이성적이고 가식적인 것으로 간주되기에 배격해야 한다. 이러한 의미에서 계몽주의자들은 독단론과 전통주의적인 표현에 대한 투쟁, 계시종교와 우상 및 선입견에 대한 투쟁, 전제주의적 절대론에 대한 투쟁을 요구했다.

2) 과학의 숭배

계몽주의는 수학과 물리학의 가치와 위력에 두고 있던 크나큰 신뢰심을 17-18세기에 발전된 과학에서 그 유산으로 이어받았다. '자연주의', '자연으로의 복귀'는 무엇보다도 과학을 의미하는 것이었다. 17-18세기에 과학의 놀라운 발전과 그것이 철학에 끼친 학적 정신의 결과는 지대한 것이었다. 계몽주의자들은 과거에 대한 비판을 서슴지 않았는데, 특별히 고대인들은 그러한 비판의 대상이 되었으며, 이는 곧 과학의 위대하고도 혁신적인 의미로 이해되었다. 더욱이 과학은 하나의 유행처럼 사방으로 번져 나갔으며, 철학자들은 주로 과학과 연관된 학적 물음들을 쉼 없이 실증적인 방법으로 다루었다.

3) 경험론

과학과 마찬가지로 새로운 철학은 경험에 그 기반을 둔다. 사실 철학이 이전 사상가들이 인정한 원리와 가치들을 받아들이기를 원치 않는 경우라면, 이성으로 계몽된 경험 안에서가 아닌 다른 어떤 곳에서 학설들의 기반을 마련할 수 있었겠는가? 계몽주의자들에 의하면 모든 관념들과 원리는 경험에서 유래한다. 지성은 본래 백지상태로 개념되며 차츰차츰 경험의 표지들을 그려 넣는다. 그리고 본유관념들이나 순수이성에 의해 발견되는 개념들은 실제로 존재하지 않는다고 본다. 탐구 방식은 귀납법으로 현상들에서 법칙들로 소급해 나간다.

17세기 철학이 거대한 사상체계를 구축하고자 하는 가운데 연역법을 사용했다면, 18세기 사상가들은 모든 형태의 연역과 체계를 포기한다. 대신 그들에게 있어서 사상체계의 건설은 철학의 불완전함의 표지로 이해되었다. 왜냐하면 그것은 인간 이성의 능력보다 상위적인 신학과 우주론 및 심리학 등의 문제들에 대한 해결책을 포함하고 있는 까닭이다.

결과적으로 경험으로 증명되지 않으면서 확실하고 결정적이지 않은 관념들과 가설들에 결정적인 확실성의 특성을 부여함은 오히려 이성과 사실에 대한 증명이 결핍된 체계로 나타날 뿐이다. 따라서 그런 체계는 임의적이고 환상적인 발명품으로 벌어진 틈과 분열된 곳을 채우는 데 그치거나 제거할 뿐이다. 중요한 것은 체계를 구축하는 것이 아니라 참으로 과학적인 방법론을 고정시키고 이를 따르며 사실들을 관찰하고, 관찰을 통해 진리를 받아들이는 것이다. 그리고 단순한 가정이나 가설들을 사실로 받아들이지 않는 것이며, 진리들이 아무런 틈새 없이 자연적으로 연관되지 않는 이상 그것들을 서로 관련시키지 않는 것이고 유사한 모든 주장들에 대해서도 언제나 절대적 무지를 선호하는 것이다.

4) 정신의 고유한 창조적 활동을 배제함

백지상태를 주장하는 학설 안에서 정신활동은 제거되거나 최소한의 용어로 축소된다. 특별히 이것은 인식에 있어서 그러하다. 모든 행위는 외부로부터 온다. 대상들이 우리에 대해 행위하는 것이 아니라면 우리는 우리가 아니다. 그러기에 콩디야크(Condillac)의 경우 상(像)은 외부 인상들에 의해 서서히 생기가 발생하며 활성화된다. 진리는 우리가 창조하는 것이 아니라 경험자료에 기초하여 발견되는 것이다.

5) 반형이상학적 불가지론

사실들에 제한되고 사물들의 본질에까지 도달할 수 없는 경험은 초감각적인 것과 관련된 문제들을 해결할 수 없다. 따라서 이는 참되고 고유한 형이상학을 받아들이지 않음을 뜻한다. 따라서 형이상학은 칸트의 비판주의에서처럼 인식론과 동일시된다.

6) 합리주의와 반역사주의

이성의 개념은 17세기 개념과 견주어볼 때 18세기에 이르러서는 특별한 의미를 지닌다. 위대한 형이상학적 체계들, 데카르트, 말브랑슈, 스피노자, 라이프니츠에게 있어서 이성은 '영원한 진리'에 관한 이성이며, 이는 인간과 신의 정신에 공통적인 것이었다. 따라서 모든 행위는 신적 행위를 분여(分與)함이며 가지적이고 초감각적인 왕국으로 인도한다. 18세기에 이르러서는 이성에 다른 의미, 즉 더 온건한 의미가 부여된다. 이성은 사물들의 본질이 현시되는, 즉 모든 경험 이전에 주어진 본유관념들의 복합체가 더 이상 아닌 것으로 여겨진다.

합리론은 반역사주의를 유발한다. 사실 진리가 경험에 의해 획득 가능한 것이라면, 전통과 과거의 목소리, 고대 사상가들의 권위는 실재와 진리의 분명하고 밀접한 견해를 방해하는 선입견들을 구축한다는 의미에서 해로운 것일 수밖에 없다. 사람들은 믿는 것보다는 바라보고 매만지는 것을 원한다. 그런데도 사람들은 모든 것을 이성으로 조사하기를 바랐다. 그뿐만 아니라 종교, 법, 습관, 예술 그 모든 것을 분석하고 싶어 했다. 결국 역사 연구는 우리에게 오류를 가르친다는 점에서 경원시되고 경멸될 뿐이다.

이러한 반역사주의적 태도의 결과 안에서, 또 이런 철학 안에서 계몽주의자들은 인간 인식의 본성을 설명하고 가치를 조사하기 위해 역사적 발전과 현 상태를 경원시하거나 무시하기에 이르는데, 이유는 그러한 것들이 우리를 오류로 이끌 수 있는 어떤 뚜렷한 성격을 드러낼지도 모른다는 이유 때문이었다.

우리는 얼마나 자주 거짓된 것으로 판명 나는 것을 원리들의 진리라고 믿었던가. 또 우리는 얼마나 자주 단순한 습관이나 지엽적인 믿음의 결과로 나타나는 것을 필연적이고 불변적인 명제라고 믿었던가! 따라서 이제는 우리가 그 근원에서, 순수 영혼 안에서 지식의 문제를 재고해야만 한다는 것이 계몽주의자들의 주장이다.

7) 혁신적 태도

제한적으로나마 반역사주의는 가히 혁명적이다. 낡은 권위가 아무런 가치를 지니지 않는다면, 왕과 국가에 대한 숭배나 이에 대한 복종은 가소로운 일이다. 왕은 처형되어야 하고 종교적 예배는 기만에 불과할 따름이다. 이 모든 것은 이성적 신의 숭배로 대체되어야만 한다(이신론).

8) 사상의 명석성과 단순성

경험에 기반을 둔 계몽주의자들의 철학은 모든 것이 경험될 수 있다는 내·외부적인 사실들에 대해 강조점을 둔다. 따라서 이 철학은 그리 어렵지 않으며 나름대로 분명하다. 그것은 거대한 군중 가운데로 확산될 것이고 그들을 실천적인 삶으로 인도할 것이라고 믿었다. 계몽주의자, 특별히 프랑스 계몽주의자들은 만인에게 과학의 빵을 쪼개 나눠 주고자 했으며, 평범한 인간 정신으로 하여금 과학적, 철학적 개념들을 받아들일 수 있도록 했다.

9) 심리주의

경험을 통해 받아들여진 사실들 가운데 내부 사실들은 즉각적으로 명증하다는 관점에서 특별한 중요성을 지닌다. 그리고 그것은 오류를 범하지 않는 것처럼 보인다. 따라서 사실들에 관한 연구는 다른 어떤 것보다도 일차성 내지 우월성을 지닌다. 계몽주의적 이데올로기는 심리학 외에 다른 것이 아니다. 내부 사실들 중에서는 느낌, 정열 등과 같은 더 주관적인 사실들이 분석 대상이 된다.

루소(Rousseau), 엘베시우스(Helvetius), 스탕달(Stendhal), 레오파르디(Leopardi), 조이아(Gioia) 등은 이러한 인간 마음을 분석하는 심리학의 영역에 탁월하다. 느낌들과 정열을 분석하고 때로는 고양시키고자 하는 경향이나 자연숭배에 대해 계몽주의적 이데올로기는 낭만주의를 예고한다. 실제로 스탕달이나 비스콘티(E. Visconti) 같은 사상가는 낭만주의를 주장하고 옹호하기까지 했다.

인간은 내부 사실의 기저, 즉 본질에 있어 영혼을 인식할 수 없기에 그런 이데올로기는 하나의 기술적 심리학에 불과할 것이다. 결국 그것은 영혼의 본질적 본성이나 기원, 그 운명에 대해서는 개의치 않을 것이다. 그러한 경우 문제는 다시 형이상학으로 되돌아갈 수밖에 없다.

10) 인식 문제에 대한 지대한 관심

내부 사실에 대한 연구는 인식에 관한 문제를 제기한다. 왜냐하면 우리는 내부 사실 가운데서 외부 사실들의 개념을 발견하기 때문이다. 외부 사실들이 인식되기 위해서는 내부적인 것, 즉 관념이 되어야 한다. 따라서 내부 사실들과 외부 대상들 간의 관계 문제와 우리가 외부 대상들을 인식하는 데 도달하게 되는 방식에 대한 문제가 생겨난다. 이렇게 볼 때 인식론은 18세기 철학의 기본적인 문제였음을 알 수 있다.

11) 현상론적 주관주의

내부 사실에 대한 연구에서 취해진 우월성을 띠고 주관은 우주 해석의 중심점이 된다. 오히려 우리가 가지고 있는 의식과는 무관하게 외부 사실들에 관해 말할 수 없기 때문에 우리는 우리 자신 밖으로는 빠져나올 수 없다. 흄과 콩디야크가 주장하듯 우리는 언제나 우리 관념들과 관련을 맺고 있다. 따라서 이것은 현상론적 주관주의다. 이렇게 볼 때 계몽주의자들은 외부세계의 존재를 부정하지 않으며 오히려 그들에게 있어 현상들은 실제 존재들과 관련된 것이다.

12) 쾌락주의와 공리주의

윤리학에서 감각경험에 대한 철학은 개인주의적 쾌락설과 공리주의에 그 바탕을 둔다. 정신적 삶이 감각경험의 결과 내지 주관적인 것 외에 다른 것이 아니라면 어떻게 주관주의 내지 개인주의에서 밖으로 빠져나올 수 있는지 논란의 여지가 많다.

13) 자연주의

경험에 대한 숭배는 자연숭배와 직결된다. 자연은 모든 경험과 진리의 원천이다. 따라서 기만적인 역사나 불확실한 전통을 신뢰하지 않으려거든 자연에 의지해야만 한다. 이런 이유로 자연으로의 복귀는 세기의 염원이었다. 이러한 현상은 무엇보다도 종교와 법적 차원에서 잘 드러났다.

계몽주의자들에 의하면 인간이 맹목적인 신앙에서 탈피하지 못하고 비가시적이고 비존재적인 존재들의 악몽에서 헤어나지 못한다면, 종교 때문에 갖게 되는 상상력에 휩싸여 늘 불행한 삶을 살 것이다.

인간이 자연에 돌아서서 물음을 던질 때 자연은 그를 감싸고 있는 현상들의 참된 원인을 밝혀주고 부질없는 공포심과 악몽에서 인간을 해방시킬 수 있으며, 그때 그는 진정한 행복을 얻어 누리게 된다. 이런 이유로 자연종교는 전면에 그 거대한 모습을 드러내며 거기서 다시 이신론으로까지 나아간다.

법의 차원에서 자아는 역사적 법칙이나 실정법에 묶이거나 제한되는 것이 아니라 오히려 그 모든 실정법과는 유리되어 인간과 더불어 생겨난 자연법으로 소급된다. 예컨대 몽테스키외에 있어서 정의는 결정적인 관계로서 신이나 천사 혹은 인간이 고찰한다 해도 언제나 동일한 것으로 남아 있다. 그것은 신 존재 긍정이나 여하한 모든 종교와는 독립적인 것으로 가치 있는 것이다. 결과적으로 법은 그 어떤 심판관도 수정하거나 파괴할 수 없는 객관적 구조를 지니고 있다. 이와 유사한 사상들을 우리는 볼테르(Voltaire)나 디드로, 달랑베르(D'Alembert)에게서 찾아볼 수 있다.

14) 교육학적 자연주의와 낙관주의

계몽주의자들은 당시 행해지던 초기 교육이 인간 지능을 발전시키는 것이 아니라 주로 정의(定義)나 교리, 교의적인 가르침과 같은 기억력을 훈련시키는 데 역점을 두고 있다고 판단했다. 이러한 교육은 비판의 대상이 된 동시에 실재, 경험, 경험론적 직관, 관찰, 합리화와 같은 생생하고도 분명한 인식으로 대체되어야 하는 것이었다. 그들에 의하면 교육은 인간 정신의 자연적 발전 과정인 감각경험으로부터 반성과 학적 체계로 나아가도록 해야 한다. 인간 의지와 관련해서도 본성의 길을 외면하지 말아야 한다.

교육의 지도적 원리는 권한이고 강제인데, 이를 통해 학생들의 자연에 대한 잘못된 경향을 바로잡아 줄 수 있다. 그리고 어린이의 의지는 억압할 필요가 없으며, 단지 합리성과 설득력을 발휘하여 단순하고 선한 본성을 드러내도록 일깨워주는 것이 중요하며 또 그렇게 인도하는 것으로 충분하다.

계몽주의자들에 의하면 자연과 이성 그리고 자유에 바탕을 둔 이러한 방법론은 인간을 가장 훌륭하고 행복하게 만들 수 있다. 왜냐하면 이미 소크라테스가 말했듯이, 인간이 자신에게 있어서 선이 적합한 것임을 아는 한, 그는 선을 행할 수밖에 없기 때문이다. 그러므로 모든 것은 인간으로 하여금 선을 알게끔 하는 것이다. 그러면 그는 선할(덕이 있을) 뿐 아니라 행복해질 수 있기 때문이다. 이렇게 해서 계몽주의적 낙관론은 득세하고 그 힘을 떨친다.

따라서 계몽주의자들에 의하면 지식의 확산은 도덕적 책임이며 철학자와 과학자들에게 주어진 의무다. 왜냐하면 지식을 통해서만 대중의 도덕적 쇄신과 향상을 기대할 수 있기 때문이다. 계몽주의자들의 주장대로 영혼은 백지상태이고 깨달음과 성격은 교육과 경험의 산물인 까닭에 교육에 대한 중요성은 당연히 강조될 수밖에 없었다.

그래서 엘베시우스는 밖으로 나오는 관념들과 인상들의 총체적이고 복합적인 의미로 이해되는 교육은 모든 것이고 천재까지도 만들 수 있다고 주장했다. 이와는 달리 교육의 결핍은 인간을 무지하고 불행하게 만들기 때문에 이러한 몽매주의에 대해서는 투쟁으로 맞서야 한다.

4. 여러 국가들 안에서의 계몽주의

위에서 언급한 계몽주의의 일반적인 특성들은 무엇보다도 영국, 프랑스, 독일 그리고 이탈리아에서 구체적으로 나타났다. 영국에서 계몽주의 운동은 로크(J. Locke)와 함께 시작되었으며, 그 후 도덕관을 중시한 철학자들인 샤프츠버리(Shaftesbury), 허치슨(Hutcheson), 흄과 틴달(Tindal), 톨런드(Toland), 콜린스(Collins), 볼링브룩(Bolingbroke)과 같은 이신론자들과 그 밖에 기본(Gibbon), 포프(Pope)에 의해 계속되었다. 그리고 계몽주의는 영국에서 프랑스로 건너갔다.

프랑스 계몽주의의 대표자들은 볼테르, 디드로, 달랑베르, 몽테스키외, 엘베시우스, 콩디야크, 돌바크, 라 메트리, 루소 등이 있다. 프랑스 계몽주의는 그 후 데스튀트 드 트라시(Destutt de Tracy), 카바니스(Cabanis)와 같은 유물론적 입장의 이데올로기를 주장하는 사상가들에 의해 계승, 발전된다.

독일에서는 특별히 단자의 동적 개념과 그 발전으로 볼프(Wolff)와 바움가르텐(Baumgarten)을 통해 나타난 라이프니츠(Leibniz)의 위대성이 빛을 발한다. 독일의 주요 계몽주의자들로는 라이마루스(Reimarus), 멘델스존(Mendelssohn), 니콜라이(Nicolai), 에버하르트(Eberhardt), 슐처(Sulzer), 모리츠(Moritz), 가르베(Garve), 앙겔(Angel), 테텐스(Tetens), 레싱(Lessing), 헤르더(Herder) 등이 있다. 이들 사상가들 중 레싱과 헤르더는 정신의 발전 개념에 특별한 중요성을 두었다. 칸트 자신은 어떤 면에서 계몽주의자라고 말할 수 있지만, 또 다른 면에서는 낭만주의적 관념론자라고 말해진다.

이탈리아에 계몽주의는 프랑스 문화를 통해 흘러들어 갔지만 그것은 프랑스 계몽주의를 단순하게 반복하는 것에 그치지 않았다. 이탈리아 계몽주의의 특색은 프랑스 사상가들의 단일성과 선입견을 배제하고 사실들과 더 생생히 접촉하는 가운데 새로운 노선을 마련하는 것이었다. 이것은 이탈리아에서 이른바 참된 '경험철학'으로 자리매김하기에 이른다. 대표적인 계몽주의자들로는 소아베(Soave), 조이아, 로망노시(Romagnosi), 델피코(Delfico), 보렐리(Borelli)가 있다.

5. 현대와 계몽주의의 문제점

계몽주의의 잔재는 여전히 현대문화 속에 살아 숨 쉬고 있는 것일까? 혹시 우리는 후기 계몽주의 시대에 살고 있는 것은 아닐까? 이 질문에 대해 우리는 어떤 면에서는 '그렇다'와 또 다른 면에서는 '그렇지 않다'라고 말할 수 있다. 부정적인 답을 줄 수 있는 이유는 무엇보다도 그동안 너무나 많은 물이 역사의 다리 아래로 흘러갔다는 데 있다.

실제로 19-20세기에 거쳐 개혁과 혁명, 전쟁과 파괴, 수많은 이데올로기들, 심리학, 교육학, 인간학과 같은 새로운 인문과학은 인간이라는 존재가 계몽주의 시대가 생각했던 것보다는 훨씬 더 복잡하고 수수께끼라는 것을 이해하게끔 해주었다. 전적인 인간 세계는 계몽주의자들이 그토록 소중하게 여겼던 추상적이고 신앙과 같은 보편이성을 넘어서서 뿐만 아니라 이성 그 아래에도 자리하고 있다.

이러한 깨달음 안에서 새롭게 발생한 현대 과학기술의 혁명은 개인과 사회의 삶의 방식을 그 근본에서부터 변화시켰고 계속해서 변모시키고 있다. 18세기가 발전에 대해 그토록 열광적이었지만. 현대에 와서 거듭되고 있는 놀라운 발전은 계몽주의 운동으로서는 감히 예견조차 할 수 없었던 만큼 엄청난 사건임이 확실하다. 물론 이러한 발전의 근저에는 계몽주의가 유산으로 남긴 어떤 직관들이 내재하고 있음을 부정할 수 없다. 그렇지만 그러한 요소들은 이 시대의 문화와 문명에 통합적인 부분으로 희석되어 버렸고, 그러한 것들이 어떤 것인지를 발견해 내는 일은 매우 난해한 작업으로 남게 되었다.

한 가지 분명한 것은 이성의 극대화가 빚은 이성지상주의와 신학
문인 과학 간의 결탁이 필연적으로 파생시킨 계몽주의는 어떤 면에
서는 통합적인 인간상을 상실케 한 이론으로 자리했다는 점이다. 외
부세계의 존재와 세계의 실체를 파악하는 것도 중요하지만, 지성을
백지상태로 몰아넣음으로써 경험계만을 최상의 실재로 파악한 것
과 한편으로 지성에 근거를 둔 자신들의 주장을 공고히 한 것은 계
몽주의가 직면한 또 다른 이율배반이며 모순임을 직시하게 된다.

인간은 경험만도 아니고 이성만도 아니다. 이성도 있고 직관도 있
으며 그것을 넘어서는 능력도 주어져 있다. 가설과 증명으로만 모든
것을 파악 가능한 것으로 본다면 비가견적 실재나 우리 내부의 정신
계는 자칫 무용한 것으로 전락할 수 있다. 그럴 경우 계몽은 또 다른
몽매한 정신을 불러올 수 있다.

또한 유명론이 말하는 보편은 이름뿐이고 실제로 존재하는 것은
경험계의 개체들이라고 하는 데서 강력한 영향을 받은 경험론은 스
콜라 후기 이후 계몽사상에 결정적인 영향력을 끼침으로써 신앙과
이성 간의 결별 내지 이혼을 부추겼고 그 결과 교회의 위상은 한없
이 추락할 수밖에 없었다. 이성과 신앙, 철학과 신학은 더 이상 공생
공영하는 관계라든지 보완관계가 아니었고 신앙은 법이나 체계화
된 국가보다도 못한 이성의 아랫자리로 강제로 밀려났던 연유로 인
해 그러했다. 신앙은 결국 자연상태의 인간이 자기보존을 위해 살인
도 가능한 상상력의 상태에 빠져 있는 타인들에게 국가법 이전의 공
중 도덕적 형태로 인간들을 통어하는 기능 정도를 수행하는 역할을

떠맡았을 뿐이다. 그리하여 이신론의 형식이 만사를 지배하는 웃지 못할 상황이 연출된 것이다.

인간이 지닌 능력들을 직시하고 적재적소에 그 작용을 분할할 줄 아는 지적 능력이 제대로 작동할 때, 만사는 유효적절하게 통합적 인간의 지성과 의지 안에 안배되어 창조가 주목하는 미래적 목표의 활로를 올바로 개척할 수 있다.

과도한 계몽은 계몽이 아닌 몽매주의로 추락하고 만다. 만사가 과학과 기술 위주로 치닫게끔 인간 이성을 작동하도록 하는 현 시대야말로 계몽이라는 혁신적 이론이 필연적으로 배출될 수밖에 없었던 또 다른 얼굴임을 직시하고 이에 대한 강력한 주의를 기울여야 한다. 그러면서 이성과 인간이 지닌 다른 기능들과의 균형적 발전을 도모할 필요가 있다. 그래야만 신앙과 최고의 지성으로 엮인 전통 형이상학까지도 몽매라는 범주에 몰아넣어 적으로 간주하며 맘껏 날뛰는 계몽의 허구성에서 보호할 수 있고 또 있을 수 있는 폐해를 최소화할 수 있다.

마지막으로 우리는 오늘의 현대문화 속에 자리하고 있는 전형적이며 긍정적인 계몽주의적 요소를 지적할 수 있으니, 그것은 곧 일상의 이성과 자유의 발견 내지 발전에 가치를 제공했다는 점이다. 이러한 가치들은 정치, 경제, 사회 및 그 밖의 여러 가지 복잡하고 어려운 상황에 처해 있는 현대인들에게 나름대로 신뢰의 기반을 구축하도록 하는 기본 요소로 작용하고 있다는 데에 큰 위로가 된다.

제 8 장
세속주의의 흐름과 현대문명의 위기

1. 세속주의란 무엇인가?

세속주의란 일반적으로 무지에 기반을 두고 형성되었다고 보는 초자연주의(supernaturalism)를 배격함으로써 신앙적이며 성스러운 교회정신을 제외시키는 사고방식이라고 해석된다. 간단히 말해 그것은 영적이고 내세적인 요소들을 이성적이며 현실적인 면들로 대체시키고자 하는 이데올로기적 입장이다.

이러한 세속주의는 고대 그리스 세계뿐만 아니라 로마제국이 세속화라는 나름대로의 단계를 거치면서 이미 그 징후를 드러낸 바 있지만, 특별히 르네상스에 이르러서는 거대한 문화의 세속화와 더불어 유럽 사회에 강력한 사상적 흐름으로 발전하여 그 실체를 드러냈다. 그 후 세속주의는 가면 갈수록 인간의 자연적 완성을 위해 초자연이나 하느님의 은총, 사후 세계 등을 부정하고 현세적 요소들만을 참된 가치로 여기면서 인간의 노력만으로 안심입명(安心立命)하여 새로운 문화를 건설하고자 했다.

이러한 세속주의는 과학기술 및 경험세계를 전폭적으로 신뢰하는 가운데 오늘의 인간 문화를 창조하는 데에 있어 엄청난 영향력을 행사하였다. 세속주의는 신 중심적 사고방식에서 벗어나 인간을 절대화하는 과정에서 문화의 산물까지도 인간의 전적인 활동에 속한다고 여김으로써 현대 과학기술과 물질문명의 우상화 정책에 깊숙이 개입하였다.

이렇게 볼 때 세속주의는 어떤 특정한 사상체계가 아니라 근대 이후의 실재론, 자연주의, 계몽주의, 인상주의, 무신사상, 진보주의 등에 있어서 인간을 신격화하고 또 인간을 우주 세계의 주인으로 군림케 하며 자연의 효율성을 극대화하려 한 단편적인 사상들의 총체적 흐름임을 알 수 있다. 이 같은 세속주의의 움직임은 근대사의 전 과정에 걸쳐 발전적으로 전개되었고, 그것은 흔히 반그리스도교적 혹은 반종교적인 것으로 여겨졌다.

2. 근대문명 이후의 세속주의 형식과 문화와의 갈등

사회적 동물인 인간이 취하는 행동은 문화적, 경제적인 요소에 의해 크게 좌우된다. 그리고 문화적 요소는 역사의 흐름 속에서 인간 자신의 창조적 과정을 통해 그 모습을 달리한다.[1] 이렇게 볼 때 인간은 문화의 영향권 하에 있으면서도 문화 발전에 뚜렷한 획을 그으며 강력한 힘을 발휘하는 존재이기도 하다. 그러기에 인간은 역사의 위대한 주인공인 것이다.

그런데 많은 이들이 호화로운 문화로 치장된 현대세계의 흐름을 바라보면서도 앞으로 닥칠 미증유의 재앙에 대해 두려워하고 있다. 창조적인 문화 활동에 금이 가면서 의구심의 눈초리로 바라보았던 것들이 현실적인 재앙으로 닥치고 있는 위험 때문이다. 그 강도(強度)야 어떻든지 간에 부정적이며 파괴적인 형태의 종말이 이 지상을 덮칠 것이라는 이러저러한 예언까지 나돌면서 미래를 향한 삶의 의욕이 무참히 꺾이고 있는 것이다. 비정상적인 문화들은 마치 이때다 싶어 그 틈새를 파고들며 거짓과 기만 행위, 사기 수법으로 전에 없이 사람들을 괴롭히고 있다.

이런 세상에서 다행히 미래에 있을 수 있는 불안감을 일찌감치 현실의 도마 위에 올려놓고 그 결과를 긍정적으로 예측해 보려는 인생의 심미안을 지닌 성숙한 인간들도 적지 않다. 그들은 스스로의 운명을 개척하려는 심정으로 있는 힘을 다해 세상의 잘못된 흐름을 타개하고자 무진 애를 쓰고 있다. 그렇지만 미래를 한 편의 아름다운 꿈으로 받아들여 삶을 계획해야 할 젊은이들 중에서는 이미 현실 안에 비관적 색채가 다분하다는 이유로 희망의 끈을 놓아버리는 경우도 종종 있다.

---

1 공의회 문헌도 미래지향적인 관점에서 인간의 생활 형태를 다음과 같이 정리하고 있다. "현대인의 생활 조건이 사회적 내지 문화적 견지에서 깊이 변동되었으므로 가히 인류역사의 새 시대라고 말할 수 있다. 따라서 문화를 보다 완전하게 발전시키고 보다 널리 확장할 수 있는 새 길들이 열려 있다."(「현대세계의 사목헌장」, 54)

현재 우리가 겪고 있는 위기는 피상적인 것이 아닌 '심오함'과 관련된다. 따라서 그것은 '심오함'을 통해서만 해결할 수 있다.

현실의 위기는 전반적인 인간 실존과 직결되어 있다. 그렇다고 해서 현대 실존철학의 필요성을 외치며 그에 부응하는 삶을 살아보자는 과거회귀식의 철학적 복고주의에 현혹될 필요는 없다. 또 그렇게 사람들을 선동해서도 안 된다. 행여 누군가가 그렇게 부추겨 너 나 할 것 없이 거기에 동조한다 해도 문제의 근원은 그대로 남을 수밖에 없다. 이것이 더 큰 문제의 심각성이다. 왜냐하면 삶과 문화의 문제는 사상의 한 부류인 실존철학과 같은 삽이나 괭이로 다 파헤쳐낼 수도 없거니와 그 위기의 뿌리를 매만지는 것조차 벅찬 일이기 때문이다.

현재 이 시대의 문명은 기이하기 짝이 없는 터전을 발판으로 생겨난 다양한 사고의 결정체다. 그렇다면 지금 걸려 있는 문제는 인간 실존의 어느 한 부분에 한정된 국지적인 사안이 아님이 분명하다. 한마디로 그것은 인간의 근본 개혁과 맞물려 있는 것이다.

위기는 심각하다. 왜냐하면 인간이 세계 안에서 올바로 취해야만 하는 입장이 근자에 들어서면서부터는 완전히 빗나가고 있기 때문이다.

스위스 신학자인 브루너(E. Brunner)는 문화와 관련된 위기를 깊이 있게 진단하면서 지난 3세기에 걸쳐 인간의 품위에 관한 이상(理想)이 한없이 실추되었음을 지적한 바 있다. 그것은 "인간-하느님의 모상"이라는 도식이 순수이성적인 범주로 대체되었기 때문이고 계몽주의(Aufklrung)가 성서의 신관을 철학적 이신론(理神論)으로 갈아엎었기 때문이라고 꼬집는다. 어디 그뿐인가? 종교적 초월성을 철학적 초월성으로 대체했기 때문이라는 것도 그가 지적하는 이유 중의 하나다.

중세 후기에 이성과 신앙이 유리되면서 유럽 사회에서는 문화의 세속화라는 전에는 맛보지 못한 신사조의 흐름이 꿈틀대기 시작했다. 르네상스 시대에 이르러서는 세속적인 문화가 득세하면서 강력한 힘을 띠고 전면에 부상했다. 근세가 막이 오르면서부터는 형이상학과 신학은 더 이상 인간에게 아무런 보탬도 되지 못하는 학으로 비쳤다. 왜냐하면 내재주의에 입각한 자아만이 새로운 비판 기준으로 부상했던 탓이다. 그러니 이전의 초인적 질서에 바탕을 둔 법규가 송두리째 무너져버린 것은 어쩜 지극히 당연한 일인지도 모른다. 특히 데카르트적 자아의 공리(公理)는 개인주의와 계몽주의로 빨려 들어가면서 칸트와 칸트 후기 철학자들인 셸링, 피히테 그리고 마침내 헤겔에 가서는 최고의 값어치를 지닌 실재로 표현되었다.

나, 자아, 자기의식, 영혼과는 별개의 것으로 화한 인간 육체는 물체의 등급으로 화했고 이런 이원론은 나로부터의 너, 타자를 철저히 갈라놓았으며, 자아가 아닌 세계 존재는 정복되어야만 하는 반립적(反立的) 요소로 평가되었다. 이런 무시무시한 세대는 이후 유럽을 강타하는 전무후무한 괴력의 소지자로 역사를 주름잡게 될 것이었다.

무엇보다 자아(自我, Ego)는 전능한 것이고 결정적인 비판 기준으로 떠올랐다. 절대자의 전능성이 자아로 전이되면서 자아는 심판관의 자리를 차지하였다. 자아가 아닌 모든 것은 '나'와 대치되거나 모순되는 것으로 취급하었다. 그러니 당연히 절멸(絶滅)할 대상으로 낙인찍힐 수밖에 없었다. 그때부터 실재는 자아와 비아(非我), 자아-반자아(反自我), 자아-사회, 자아-세계, 자아-법칙과도 같이 '나'와 '내가 아님'이라는 비전도적이며 대치적인 요소로 화하었다.

한마디로 세계는 두 동강이 나고 만 것이다. 결국 자아가 아닌 것은 자아와 구별되는 존재가 아닌 상관적인 대립관계로 제시되는 영원한 경쟁자였다. 자아로부터 뿜어지는 이성은 거의 절대적이어서 너, 세계, 신, 사회 안에는 그 어떤 현존도 있을 수 없었다.

결국 인간 삶은 그칠 줄 모르는 충돌의 지평 안에 놓이면서 대립과 갈등, 이기심과 집단적 이기주의의 양산을 부추겼다. 이러한 동태가 체계화되면서 전통 형이상학이나 신 문제는 당연히 물 건너간 허상처럼 사람들에게 비쳤다.

이에 비해 동양사상의 전통과 흐름은 달랐다. 본래 유가사상의 결어와도 같은 천인합일(天人合一) 사상은 중국 전통사상의 주류였다. 이는 공자의 천(天) 사상이나 노자 사상에서도 얼마든지 엿볼 수 있다. 그것은 인간 세계의 질서가 우주 자연계의 질서와 일치되는 것으로 보고, 인간 세계의 모형 내지 모범을 자연과 우주계 안에서 찾으려 한 것이었다. 이 천인관계(天人關係)의 구조를 밝히기 위해 자연철학으로서 음양사상(陰陽思想)이 채택된 것은 우리가 위에서 말한 자아와 상관적으로 대립되는 요소들과의 만남이라는 차원과는 전혀 다른 견지에서 그렇게 된 것이다.

음양사상에 의하면 우주에는 음(陰)과 양(陽)이라는 두 종류의 기(氣)가 가득 차 있고, 그것들은 인간 세계의 구석구석까지 미치고 있다는 것이다. 그뿐만 아니라 기들은 인간의 몸과 마음까지도 침투하여 그 안에 내재되어 있다. 그러므로 인간과 자연 사이에는 필연적인 감응(感應)이 있다는 것이다. 이렇듯 동양적인 사고는 자연과의 합일, 전체와의 섬세한 조화의 끈을 손에서 놓은 적이 없으며 하늘과 인간, 세상과 나를 둘로 쪼개거나 이분법적인 요소로 갈라놓고 바라본 적이 없었다. 원래 소우주(小宇宙)와 대우주(大宇宙)의 대응이라는 사고는 소우주인 인간을 대우주와 관련시키는 사상이었다. 그러나 서구의 근대사는 자아를 비아(non-ego)로부터 시작해서 자연, 세계와 단절시키고 이것들을 객관적 대상으로 삼았다. 그러니 세계는 주체성을 상실하고 인간과의 상호 교호작용이 있을 수 없었다. 그것들은 자아라는 명제에 반명제라는 토를 다는 것으로 족했다.

자연과학은 이렇듯 객관화된 대상과 사실들을 구명하는 가운데 급격하게 발달하기에 이른다. 철학 역시 주관성을 기술하고 분석하지만, 상호주관성(相互主觀性)의 세계에는 도달하지 못했다. 이러한 관념에 기대고 뒷받침된 인간은 자연계를 능률적으로 관리하게 되었을지는 몰라도 인간 자신만큼은 우주와 동떨어진 존재로 이간시키고 말았다.

종교 역시 상급적 위치에서 밀려나 거의 감각의 단계, 상상력의 단계로까지 추락하였다. 전에는 어디까지나 신앙에 도움을 가져다주는 것으로 여겨졌던 이성은 어느새 급발진하고 돌변하면서 종교의 자리까지도 넘보게 되었다.

종교는 예전의 굽실거리던 사람들이 멋모르게 추앙하며 온몸을 던지다시피 한 피난처가 더 이상 아니었다. 존재 문제에 둘러싸여 입지를 굳히며 호황을 누리던 과거의 영화라곤 거기서 전혀 찾아볼 수가 없었다. 그것은 싸움판 일색인 개인들의 세계, 자신의 안전과 보호만을 추구하는 감각계에 물든 만인에게 어쩔 수 없이 하강하여 그들 간의 투쟁을 금지하고 각자가 평화로운 세계를 살아가도록 개인의 권한을 포기하도록 주선하는 화해자의 기능 내지 역할을 하는 것에 불과했다. 종교 역시 현세적 구원의 주체에 지나지 않았던 것이다.

그렇지만 이성은 달랐다. 스피노자에게만 해도 지성적 신의 사랑의 단계인 직관까지는 아니었지만 이성은 감각계 및 종교적 차원보다도 상위적인 단계에 돌입해 있었고 종교가 노예상태인 인간을 정열로부터 해방시키는 위치에 있었다면, 이성은 종교에 의해 생겨난 사회, 국가 및 도덕의 차원과 그 노선을 함께하거나 아니면 그것들을 거느리는 우월한 입지를 점하고 있었다.

18세기 이후 문화를 구성하고 있는 모든 요소들은 이러한 점들과 밀접하게 맞물려 있었다. 그러니 과거의 신학과 형이상학은 졸지에 쪼그라들면서 더 이상 중요한 학으로 여겨지지 않았다. 물리학, 역사학, 자연과학, 국가, 법, 예술 등은 독자적인 학문으로 출범하여 나름대로의 특수법칙에 기반을 두며 자율적인 것으로 그 몸체를 드러냈다.

근세 말미에 이르러서는 이성이 신앙에서 탈피하고, 도덕이 종교에서 떨어져 나가 두 동강이 나게 된다. 이성적 경험과학이 자기 충족적이 되면서 존재론적 별거 내지 이혼의 장이 펼쳐진 것도 바로 이때의 일이다.

특히 칸트에게 있어서 도덕은 종교보다 우월한 자리를 점하고 인간 정신은 신을 대체하는 절대정신으로 떠오르다 보니 종교는 더 이상 할 말을 잃고 말았다. 설자리마저 없어진 것이다. 신이 세계를 지배하는 것이 아니라 고도로 발달된 인간 정신이 세계를 좌지우지하는 주인공으로 우뚝 선 것이다.

도덕이 절대성을 가장하고 나타나 그 앞에 머리를 조아리는 것으로 충분하다고 본 이런 희한한 세상의 이치에 동조하고 있는 사람은 지금에 와서도 한둘이 아니다. 동양의 성인군자로 자처하고 있는 사람들 대부분이 그러하며, 무신사상을 이론적으로 펼치지는 못하지만 익명적으로 신 존재를 거부하는 다수의 소시민들이 실생활에서 그런 삶을 살아가고 있는 것이다. 이러한 문제의 심각성을 간파하고 그 실체를 알게 되면 혀를 내두르지 않을 자 없으리라.

만인의 투쟁을 계율로써 금기시하는 종교는 이성이 뒷받침되지 않자 형이상학적이고 논리적이며 윤리적인 기반을 상실하기에 이른다. 겨우 인간학적 기반만을 갖춘 약한 근력을 지니게 된 종교는 현대문화의 소용돌이에서 좌불안석하는 처지에 놓일 수밖에 없었다. 이런 세계에서 무신사상이 손쉽게 태동되는 것은 시간문제였다.

새로운 문화적 역동성을 발판으로 헤겔(G. W. F. Hegel)은 이런 기회를 놓칠세라 얼른 손을 써 종교의 보잘것없는 입장을 이용하기에 이른다. 그는 자신의 철학에 무한자와 유한자를 등장시키고 진무한(眞無限)의 개념을 끌어들여 역사에 거침없이 개입하는 신을 매개로 인간을 역사와 진보의 장으로 끌어들였다. 그는 인간을 신으로 변형시키는 철학적 기적을 행하려 했다. 그의 사상 안에 남아 있는 종교적 토대는 그 후 헤겔의 추종자들 사이에서 극단적, 차별적 형태로 수용되다가 결국 헤겔 좌파에 속한 포이어바흐(L. Feuerbach)에 의해 인간학으로 변형된다.

"참된 실재는 물질"이며 "신학은 인간학이다"라고 요약되는 포이어바흐 사상의 핵심 명제는 헤겔주의의 분위기 안에서 전통적인 가르침을 부정하고 뒤집어엎으면서 근본적으로는 유물론, 무신사상, 인본주의라는 삼각구도의 철학적 틀을 짜 맞추고자 했다.

그의 뒤를 이어 마르크스(K. Marx)와 엥겔스(F. Engels)는 마르크스주의의 형이상학적 이론인 변증법적 유물론과 실천적 교의처럼 떠받들어지던 사적 유물론에 입각하여 종교와는 전적으로 구별되고 반대되는 경제 인간학과 폐쇄된 정치학을 건설하기에 이른다.

전통적 형이상학에 반하는 허무주의와 세계 안에서 부단히 이합집산(離合集散)하는 영원회귀(永遠回歸, ewige Wiederkehr)의 사상을 들고 나온 니체에 이르러서는 신의 죽음이 선포되며, 종래의 반자연적인 노예도덕(Sklavenmoral)이 아닌 디오니소스적 생(生)과 같은 비도덕적인 형태인 이른바 군주도덕(Herrenmoral)의 재건을 부르짖는다. 이 같은 발자취들 위에 과학적이고 철학적이며 마르크스적이고 실존주의적이며 구조주의적이고 의미론적인 무신사상이 성장한 것이었다.

지금에 와서 학문들은 독자성과 자율성이라는 노를 저어가며 망망대해와도 같은 역사의 미래를 향해 거침없는 항해를 계속하고 있다. 철학과 다양한 학문들은 필수불가결한 상호종속성을 망각한 채 전문성 내지는 특수성이라는 간판 아래 제각기 문을 닫아걸고 있다. 이렇듯 협력과 조화가 상실된 문화는 서로 간에 갈등과 충돌만을 야기할 뿐이다.

오늘날 문화의 이 같은 거대한 갈등은 상이한 존재와 실재들 간의 분립이거나 그러한 분열에서 비롯된 계속적인 충돌일 것이다. 이것이 바로 현대문화의 비극인 것이다.

『집단의 반항(La rebelion de las masas)』이라는 책에서 오르테가 이 가세트(Ortega y Gasset)는 문화와 인간의 삶 사이에 존재하는 분열을 다음과 같은 날카로운 논리로 기술한 바 있다.

> 우리는 과장적일 만큼 실현 가능성을 피부로 느끼지만 무엇을 실현할 것인지에 대해서는 알지 못하는 시대를 살아가고 있다. 사람들은 모든 것을 지배하고 있지만 자기 자신에 대해서는 주인 행세를 하지 못하고 있다. 사람들은 자신의 풍요로움 안에서 상실감을 느낀다. 전에 없는 거대한 수단과 과학, 기술문명과 함께 사람들은 현대세계를 불행한 세계로 몰아가고 있다. 이 세계는 순전히 표류하는 세계다.[2]

이렇듯 오르테가는 인간과 인간을 둘러싸고 있는 세계 내에 존재

---

2 Ortega y Gasset, *La rebellion de las masas*, El Arquero, Madrid, 1975, pp.97-98.

하는 이원론(二元論)을 펼쳐 보이면서 인간이 통합과 일성의 정신에서 얼마나 벗어나 있는지, 결국은 원치 않는 소외와 비극적 상황에 처할 수밖에 없는 현실을 솔직하게 그려내고 있다. 이러한 이원론적 상황을 극복하기 위해서는 철학을 비롯한 모든 학들과 문화가 인간 인격을 완성시키는 데 보탬이 되도록 해야 한다.

> 학문의 특수 분야가 급격히 전문화되고 있으니 어떻게 하면 이것들을 종합할 수 있으며 또 어떻게 하면 인간 예지를 발전시킬 관상과 경탄의 능력을 인간들 사이에 보존할 수 있을까? …
> 이 같은 이율배반 속에서도 오늘의 인류 문화는 인간의 온전한 인격을 올바로 조화시켜 향상시키고, 사람들에게 맡겨진 임무 수행에 도움이 되도록 발전해야 한다.[3]

이제 이성지상주의적 문명이 거두어들인 인문적, 과학적, 심리적 결실들은 방향을 틀어 지금 이 시대에 사라져가고 있는 인간의 부흥을 위해 재투자되어야 한다. 그것은 소유가 아닌 존재의 길을 마련하는 것이며, 기술의 발전이 아닌 자연적 가치들의 창출을 모색하는 것이다.

인간 활동은 인간에게서 나오듯 인간을 향하고 있다. 인간이 활동을

---

3 「현대세계의 사목헌장」, 56.

통하여 사물과 사회를 변화시킬 뿐 아니라 또한 자신을 완성해 나간다. 많은 것을 배우고 자기 능력을 기르며 자기를 벗어나 자신을 초월한다. 이 같은 성장은 바로 이해한다면 외적 재산의 축적보다 훨씬 값진 것이다. 인간의 가치는 무엇을 가졌느냐에 있지 않고 어떤 인간이냐에 있다. 마찬가지로, 보다 아는 정의와 보다 넓은 형제애와 보다 인간다운 사회관계의 질서를 확립하려는 인간의 노력이 기술의 발전보다 훨씬 값진 것이다. 이런 기술의 발전이 인간 향상에 물질적 바탕은 마련할 수 있지만 그 힘만으로 인간 향상을 실현시킬 수는 없기 때문이다.[4]

3. 문화의 퇴조와 현대문명의 위기

흔히 사람들은 문명을 원시사회와 상충되는 것으로, 또 야만성은 아무런 흔적 없이 생겨났다 사라지는 것으로 여기고 있다. 그렇지 않다. 문명은 뚜렷한 발자취를 남기는 삶의 양식이다. 역사학자 토인비(A. J. Toynbee)는 이러한 문명의 참된 영혼이 바로 문화라고 확신했다.[5] 따라서 문화가 어떤 혼이냐에 따라 문명의 몸체도 달라지기 마련이다.

우리는 문명과 관련하여 물질문명이니 과학기술의 문명이니 하는 말들을 자주 입에 올린다. 이 같은 표현은 현대문명이 경제적인 관점에서는 피상적으로는 그렇게 나타날 수밖에 없겠지만, 다른 한편

---

4 「현대세계의 사목헌장」, 35.
5 A. J. Toynbee, *Study of History*, London-Oxford, 1934, V. 200 참조.

으로는 문명의 영(靈)인 인간 문화가 이미 그곳을 향해 기울어져 있음을 뜻하는 것이기도 하다. 이는 곧 정신문화의 기형성을 의미하는 동시에 새로운 문화를 창조해야 한다는 과제를 우리에게 안겨주는 것이다. 그렇다면 사회적 생활양식인 문명의 전 단계로서의 문화란 무엇이며, 지금 그것은 어떠한 상태에 놓여 있는지를 묻지 않을 수 없다.

문화란 간단히 말해서 위대한 인간 정신의 창조성을 표현하는 것이며 인간 존재를 자연으로부터 해방시킴이다. 그러므로 문화는 인간 정신의 생리를 표출하는 행위이고 인간을 '동물로부터(ex animale)' 탈바꿈시키는 것이다. 그래서 칸트는 문화를 "자연 그 자체가 줄 수 있는 것보다도 더 상위적인 목적들"[6]이라고 표현한 바 있다. 이렇게 볼 때 문화는 전인간(全人間)의 창조성과 직결된다. 제2차 바티칸 공의회는 이 점에 대해 다음과 같이 말하고 있다.

> 인간은 문화를 통해서만, 즉 자연의 선과 가치를 캐냄으로써만 참되고 완전한 인간성에 도달한다는 것이 인격의 특징이다. 따라서 인간 생활이 언급될 때마다 자연과 문화는 밀접히 연결된다.[7]

그런데 지금의 문화는 매우 커다란 위험에 처해 있다. 오늘 이 세

---

6 C. Kluckhohn과 A. L. Kloeber는 『문화의 개념』이라는 저서에서 문화에 관해 164가지
   의 정의를 내리고 있다.
7 『현대세계의 사목헌장』, 53.

계는 동서양을 막론하고 찬란한 문화를 꽃피우고 있으면서도, 다른 한편으로는 타락한 문화의 징후와 양상을 곳곳에서 맞닥트릴 수 있는 기이한 장으로 화했다. 기술의 축적과 물질적인 부가 놀랍게 향상되었다고는 하나, 정신적 토양을 상실한 결과 현대문화는 그 근본에서부터 위협을 받고 있다. 이러한 현실은 사회 전반에 걸쳐 극적인 해악을 끼치고 있을 뿐 아니라 가치평가의 위기, 원리의 위기, 권위의 위기 및 교육의 위기를 자아내고 있다.

인간은 건전한 문화를 창조함으로써만 현재 닥치고 있는 문명의 위기를 극복해 낼 수 있다. 여기서 말하는 건전한 문화란 동화된 유산을 보존하는 것이 아닌, 성숙한 인간 요청에 부합하는 새로운 원리와 행동을 위해 이전의 부정적 문화를 포기하는 것이다. 일상의 습관은 미래지향적인 문화에 극약과도 같을 수 있기 때문이다. 따라서 실증적, 실용적, 과학적 세계관과 전통에 물들어 있는 현대인은 독창적이고 창조적인 새로운 문화를 건설할 것을 요청받는다. 이를 위해서는 수많은 사상들의 근저에 깔려 있는 세속주의의 흐름부터 제거해야 한다.

앞에서도 살펴보았듯이 세속주의를 발판으로 한 과학기술의 발달은 문화의 타락과 퇴조를 유발한 가운데 급기야 인간 삶의 형식을 결정적으로 변질시키는 인간문명의 위기를 자아냈다. 이에 대해 교황 요한 바오로 2세는 다음과 같이 언급하고 있다.

　세속주의의 도전의 극복과 관련하여, 문명의 위기라는 광범한 문제를 이야기하는 것이 적절할 것이다. 과학기술의 관점에서 볼 때는 고도로 발달하였지만, 하느님을 망각하거나 그분을 멀리하는 경향 때문에 내적으로는 빈곤해진 서방세계에서 특히 문명의 위기가 분명하게 드러나고 있다.[8]

이미 융(C. G. Jüng)은 부정적인 언사로 이 시대를 기술한 바 있다. 즉 그에 의하면 우리는 불행하게도 높은 사다리 위에 걸쳐 있으면서 정신적, 종교적인 면에서는 혼돈의 시대, 아니 최대의 혼란기를 살아가고 있다고 주장한다.[9] 틸리히(P. Tillich)의 표현대로라면 그것은 이 시대가 심오함을 상실했기 때문이다.

그렇다면 현대인은 쉽게 망가지는 우상들의 무게에 짓눌려 위협받고 있는 자기존재(自己存在)를 이끈다는 의미에서 결정적인 부조리와 기대 가능성이라는 십자로에 가로서 있는 격이 된다.

이 같은 운명은 19세기 유럽이 자신의 정체성을 상실하면서 결정적으로 표면화되었으며, 그 후 이러한 사태는 계속해서 학적 진보가 계몽된 인간을 교회와 교의 및 참된 가르침에 대한 무자비한 비판으로 이끌면서 악화되었다. 그래서 사람들은 많은 경우 계몽이 아닌 환멸과 회의론을 마주하게 되었다. 희망으로 가득 찼던 이성은 절망으로 변질되면서 세계의 매력 상실과 함께 신비의 공허함을 마주하게 되었다. 그런 세계는 필히 무의미하고 수학적인 차가운 세계만을

---

8 「제삼천년기」, 52항

9 C. G. Jüng, *Die Beziehungen der Psycholotherapie zur Seelsorge*, Zürich, 1932, p.14.

154

창조할 뿐이다.

그런데도 이성은 그 보상으로 자신을 신으로 과장하였고, 그로 인해 중력의 중심은 하늘에서 땅으로 내려앉았으며 인간은 신의 자리를 빼앗아 세계의 중심이 되고자 했다.

이러한 세계에서는 미지의 힘에 짓눌린 인간이 확신감을 상실한 채 자기 안에서의 계속적인 학문적, 기술적 폭발력을 통해 만들어낸 실증적, 과학적 사실들의 파편들만을 세상 골목에 가득 쌓아놓게 된다.

학문과 기술을 발판으로 삶의 양식을 구축하고 있는 현대인은 세계의 원인과 원리를 알지 못하면서도 세계 속에 존재하는 바를 명백히 밝히고 지배하며 변화시키고자 하는 모순을 계속해서 범하고 있다. 이같이 실체를 상실한 경험주의적 인간은 발전이라는 구호 하에 자기보존을 위한 유용한 지식만을 갈취하고 효력을 가져다주는 기술만을 중시한다.

물론 학문과 기술이 인간에게 엄청난 도움을 가져다주었다는 것은 그 누구도 부정할 수 없는 사실이다. 그렇다고 해서 그것들이 지상만능적인 것이 될 수는 없다. 특히 여기서 잊지 말아야 할 사항은 인간과 자연의 관계가 수학적 도식이나 화학적 분석으로 기술될 수 있는 성질의 것이 못 된다는 중요한 사실이다. 설사 그렇다 해도 그것들은 실재의 완전한 틀을 제공해 주지는 못한다. 왜냐하면 실재는 물리적, 수학적인 공식을 벗어나 있기 때문이다.

학문이 실용적 기술에 흘러들어 그 밑바닥에 자리할 때에는 비인간화된다. 그때의 기술은 인간의 참된 '생활양식'이 되지 못한다. 그것은 슈펭글러(O. Spengler)가 표현하듯이 "생활의 작전"에 불과하다. 그럴 때 기술은 비이성적이고 반인간적이며 반신화적인 것으로 인간문명에 커다란 위험을 가져다주는 요소로 둔갑하게 된다. 이같은 기술문명은 포퍼(K. Popper)와 에클스(J. C. Eccles)가 말하고 있듯이 인간을 승화하고 고양시키기보다는 인간의 목을 조이게 된다.[10]

4. 맺음말

이 시대는 물건은 생산하지만 인간적인 많은 가치들을 상실한 불운한 시대이고 성(性)까지도 가게에 마구 내다 파는 온통 상점화된 시대다. 과다할 만큼 기술적이고 일 위주적이며 인정이 메말라도 한참 메마른 세상이기도 하니 통탄할 만하다. 이런 시대적 흐름에 힘차게 항거할 줄 하는 사람들의 목소리와 운동들이 그 어느 때보다도 아쉬운 때다. 과거의 노예가 '불행한 종'이었고 본질이 바뀌지 못한 편의주의의 겉옷을 걸친 '행복한 종'이 현대인이라면, 이 시대 문화와 문명의 내·외양은 근본적인 변화를 성취하지 못한 허구적인 '행복 찾기'의 노름에 불과한 잘못 만들어진 몸체가 아닌지 의구심이 든다.

우리가 문명의 위기를 직시하고 있다면, 생산주의나 도식주의적

---

10 이와 관련된 내용으로 *L'io e il suo cervello*, Armando, Roma, 1981과 *El yo y su cerebro*, Barcellona, 1980을 참조할 수 있다.

인 사회질서에 질식되어 버린 인간적 가치들을 도로 살려내야 한다. 그렇게 하기 위해서는 현행 계획들에 반하는 반사회적, 반문화적 운동들을 펼쳐야 한다. 그러한 운동은 라드리에(J. Ladriére)의 표현 대로라면 기술-과학적인 정신 구조로 인해 망각된 가치들을 다시 끌어내 새롭게 구축하는 일이다. 그러한 가치들로는 관계, 전달, 직관, 애정, 창조성과 참여, 단순성과 자발성과 같은 것이 있다. 이러한 것들이야말로 자기 자신과 다른 사람들 그리고 자연과의 관계에 있어서 진정한 일치와 조화의 느낌을 가져다줄 수 있는 요소들이다.

반문화적 운동은 객관적 지식을 개념하고 따져 묻는 과학처럼 그렇게 그런 대상을 넘어서는 또 다른 종류의 지식이 존재한다는 것을 들고 나와 주장함이다. 한마디로 그것은 과학적 사고를 넘어서는 초험적, 형이상학적인 것이 있음을 말하는 것이고, 더 지혜로운 사유 형식들에 관심을 가지면서 참된 문화를 회복하는 운동인 것이다.

무엇보다도 현대문화에 대해 가장 강력하게 항거할 줄 아는 진정한 반문화적 운동이 있다면 그것은 다름 아닌 종교적인 가르침이다. 왜냐하면 종교는 비인간적인 모든 표현들과 행동을 거부하고, 잊혀진 가치들, 과학기술의 문명과 반대되는 가치들을 들고 나와 현대문명의 한계성을 극명하게 지적하는 가운데 세속적인 가치를 넘어서서 인간의 궁극적인 물음에 가장 확실한 답을 줄 수 있기 때문이다.[11]

언제부터인지는 몰라도 과학자, 철학자, 법학자, 사회학자, 심리학자, 문학가들은 한결같이 현대문화의 타락과 문명의 위기를 선포해 오고 있다. 이런 타락한 문화를 두고 오르테가는 유영의 사실

(natatorial fact)이라 선언했다.[12]

오늘의 이 시대는 노동 생산력에 있어서 훌륭한 발전을 이룩했고 기계가 인간의 손을 대신할 정도로 기술은 거의 전능한 인간의 창조적 주체로 전면에 부상했다. 이처럼 뛰어난 기술력을 확보하고 편의주의적 세계상을 구축하였음에도 불구하고 사람들은 뿌리 깊은 불만족에서 헤어나지 못하고 있다. 이유는 위에서도 언급했듯이 정의, 자유, 애정, 희망, 기쁨, 평화와도 같은 가장 본질적인 인간적 가치들에 있어서 적지 않은 부분들을 상실했거나 저당 잡혔기 때문이다. 그래서 요한 바오로 2세도 「제삼천년기」에서 "이 문명의 위기는 그리스도 안에서 온전히 실현되는 평화, 연대, 정의, 자유의 보편가치들이 기초하는 사랑의 문명으로 대치되어야 한다"[13]고 강조한 바 있다.

이와 관련하여 우리는 현대문명이 안고 있는 제 문제의 타개책으로 '그리스도 중심주의'와 '사랑'에 주목하며 문제의 해답을 찾아 얻고자 한다.

그리스도교 신자들에게 있어서 그리스도는 하느님의 아드님일 뿐만 아니라 하느님과 여타의 인간들, 자연, 사회, 역사와 서로 연관을

---

11 예컨대 모리스 블롱델(M. Blondel)의 범(汎)그리스도론은 파괴되고 단절된 삶의 양식을 극복케 하고 과학과 기술만능주의를 살아가는 현대인들의 삶에 일침을 가하고 있다. 그는 범그리스도론 안에서 그리스도를 철학적으로 수용하는 가운데 철학자 그리스도야말로 실재적인 것의 일치를 이루는 고리일 뿐만 아니라 참으로 객관적 지식을 성취하는 데 있어 요청되는 전제라고 규정하였다.

12 Ortega y Gasset, *El espectador*, in O. C., vol. II, Madrid, 1947, p.89.

13 「제삼천년기」, 52항.

맺는 완전한 모델이다. 그뿐만 아니라 그리스도는 신앙의 대상에 국한되지 않고 존재와 행위, 현대문명의 위기를 극복케 하는 인간 생활양식의 원형이며 모범이다. 교황 요한 바오로 2세도 「제삼천년기」에서 그리스도 안에서 실현되는 보편가치들을 중심으로 한 사랑의 문명만이 현대문명이 처한 위기의 타개책임을 확신했다.

역사의 그리스도는 추상적인 원리가 아니며 모든 인간을 구원하고 비추며 관장하는 실제적인 한 인간이다. 그리스도로부터 출발하면서 인간은 조명될 수 있고 그 앞에 광대한 노선이 펼쳐질 수 있다. 그때에 인간은 새로운 사고방식과 행동방식, 새로운 삶의 양식을 찾아 누리게 된다.

한편 그리스도를 기반으로 하는 경우 인간은 이웃과 자연 그리고 법칙까지도 단절시킨 개별자, 개인주의, 물질만능주의를 벗어나 모든 존재들의 기원이며 원본적인 원리와의 재회와 회귀를 통해 사랑의 문명을 건설하게 된다. 왜냐하면 하느님은 작용적으로 사랑이시기 때문이다. 사랑은 결코 이기주의적인 고독이 아니다. 그것은 다른 존재들과의 자유로운 참여이고 무상의 참여인 까닭이다. 참되고 질서 있는 사랑은 자기 확신의 본성으로 말미암아 통교적이고 분여적(分與的)이다. 그러나 그것은 혼미하고 무질서한 방식으로가 아니라 하느님의 최상 질서의 뜻에 따라 그러하다.

또한 이 시대의 문명은 데카르트의 명석판명한 관념들보다는 파스칼의 마음의 질서와 논리를 더 많이 필요로 한다. 그뿐만 아니라 라이프니츠의 이성의 진리들보다는 스피노자의 "존재하는 갈망(conatus existendi)"을 더 요구하고 있다. 만일 누가 깊이 사유하고 심오한 지식을 얻고자 한다면, 그는 먼저 마음으로 깊이 사랑해야 한다. 왜냐하면 모든 문들은 사랑을 향해서만 열려 있기 때문이다. 그래서 스코투스는 "사랑 없이는 그 어떤 완전한 지식도 존재하지 않는다"고 말했는지도 모른다. 또한 횔덜린(F. Hölderlin)은 "더 깊이 사유한 자는 더 생생하게 사랑한다"고 말한 바 있지 않은가!

「제삼천년기」가 암시하고 있는 바와 같이, 현대문명 역시 이러한 사랑의 문명으로 대체되지 않는다면 그 어떤 메시지도 현재의 세속문명에 빠져 있는 인간이 극히 필요로 하는, 즉 위기의 탈출구와도 같은 희망찬 미래를 선사해 주지는 못할 것이다.

제5부

자연 특집

제 9 장

자연 앞에서 지녀야 할 인간의 태도 변경: 인간은 만물의 영장인가?

　파스칼이나 키에르케고르는 인간이 천사도 금수도 아니라고 했다. 한마디로 인간은 중간자(中間者)다. 위대함과 비천함의 중간자이며, 영원과 순간의 중간자다. 이것도 아니고, 저것도 아닌 중간 상태! 이것이 인간이라는 것이다.

　대부분의 철학자들 역시 인간은 신령한 존재는 아니지만 그래도 만물 중에 신을 가장 많이 닮아 있는 창조물이라 여기는 데에는 아무런 이의를 달지 않았다. 물론 니체 같은 무신론자들은 사신철학을 선포하며 신의 자리를 밀쳐 내고 그곳을 인간의 자리로 대체시킨 바 있다. 그렇지만 그러한 시도도 지금에 와서 알고 보면 어디까지나 인간의 실존적인 면을 새로이 가꾸어 승화시켜 보려 한 애끓은 몸부림에 지나지 않는 것으로 평가된다.

　성경 역시 인간이 하느님의 모상대로 창조되었다고 말한다. 그래서 삼라만상 가운데 신적 유사성을 가장 많이 소지한 까닭에 영을 지닌 불가사의한 존재란 의미로 '만물의 영장(靈長)'이라는 '인간(homo)' 대명사는 역사 안에서 그 의미를 아무 탈 없이 자연스럽게 보존할 수 있었다. 다시 말해 그리스도교의 영향으로 말미암아 인간은 제대로 인간다운 모습을 지닐 수 있게 되었던 것이다. 과연 인간은 만물 중에서 가장 으뜸가는 피조물로 하느님 다음에 나열될 만큼 출중한 존재일까?

독일 철학자 라이프니츠는 인간이라는 단자(單子)가 신 다음 자리를 차지하고 그 아래로는 동물, 식물, 무생물 등이 자리한다고 보았다. 인간이 중간자로서 만물 가운데서 하느님과 가장 밀접한 관계를 지닌 존재로 제시되고 있는 것이다. 그러나 이러한 인간도 자연세계와의 관련 없이는 그 존재 자체가 무의미해진다. 왜냐하면 사람의 육과 영은 구천에 떠도는 허황된 신비체가 아니라 현실세계에 뿌리를 두고 있는 통합적 생명체인 까닭이다.

현대 실존철학은 이 같은 인간을 조망하는 일에 앞장서면서 괄목할 만한 지적 성장을 이룩하였다. 세계와의 연관성을 부르짖으며 세계를 목전에 두고 개방성이라는 새로운 면모를 일신시킨 이 사상은 인간 삶을 세계 혹은 주변 환경과 연관지으면서 지향성(志向性)의 차원에서 철저하게 분석했다. 하이데거의 경우 자각적인 존재라는 의미의 현존재는 세계에 관심을 두며 이와 교섭(交涉)한다. 현존재의 이러한 관심과 교섭 방식에 기초하여 이에 대응하는 것이 주위세계다. 비록 주관적 관념론에 불과하겠지만 세계-내-존재라는 것은 이런 현존재와 세계와의 관계를 가리키고 있다.

그렇다고 해서 이런 철학이 지금에 와서도 사회 각 분야에 강력한 영향력을 행사하고 있느냐 하는 것은 별개의 문제다. 적어도 이 사상이 환경세계 내지 생태계 안에서 인간이 어떠한 삶을 지향하며 살아야 하는지에 대한 구체적이고 생생한 존재 방식을 마련해 주었다는 점에서는 새롭게 평가되어야 할 것이다.

인간은 자신의 존재 방식에 따라 천사도 될 수 있고 만물의 영장도 될 수 있다. 반면에 인면수심(人面獸心)이란 비난의 말도 듣게 되는 못된 존재일 수도 있다. "너, 제발 사람 좀 되라"고 어른들이 아이들에게 대놓고 말하는 경우를 종종 본다. 이 말은 인간이라는 본질을 지닌 존재가 필히 이룩해야 할 무엇인가가 있음을 새삼 깨닫게 해주는 말일진대, 오늘에 와서 이러한 훈시조의 언사는 자연과 관련하여 현대인들 모두에게 하늘이 들려주는 말로 새롭게 알아들어야 할 것이다. 왜냐하면 현대 자본주의 사회는 세계 존재의 실상을 정확히 파악하여 알아내는 데에는 소홀했을 뿐 아니라 본질직관 능력을 향상시키는 데 있어서는 무관심으로 일관했기 때문이다.

현대세계의 과제는 무엇보다 주변 세계와의 올바른 관계를 재정립하면서 인간의 존재 방식을 새롭게 설정하는 일이다. 오늘을 살아가는 인간이 이런 문제들을 외면하거나 도외시한다면 인간의 추락과 관련된 인면수심이니 후안무치(厚顏無恥)와 같은 저급한 단어들은 이 세상에서 끝내 추방시키지 못할 것이며, 동물의 세계에서 투쟁만을 일삼는 저급한 존재로 낙인찍히고 말 것이다.

사실 이 시대 사람들은 자연 자체를 있는 그대로 바라보지 못하고 있다. 자연이 지닌 본래적 의미와 고유한 본질을 망각한 채 넋 나간 사람처럼 세계 속에서의 존재의 삶을 제대로 꾸리지 못하고 있는 것이다. 예컨대 신의 출현과 현존처로 여기던 예전의 산(山)은 더 이상 본래적 의미의 산이 아닌 금전적 가치를 지닌 부동산 정도의 소유물로 여길 뿐이고, 곱게 가꾸어가야 할 대지의 산물들은 무분별한 인간 욕구의 제단에 바쳐진 희생물로 전락하기에 이르렀다.

이렇게 된 것은 인간이 많은 것을 품에 넣는 데에만 급급했을 뿐 아니라 자연 사물들을 자신의 울타리에 가두는 것을 본업으로 삼았기 때문이다. 그로 인해 마음속 깊은 곳에는 본질을 외면하는 그림자가 속속 자리하면서 자연 본래의 모습은 왜곡된 눈에 천연의 형상을 드러낼 수 없었다.

우리는 생텍쥐페리(Saint-Exupery)가 『어린 왕자』에서 말한 "마음속으로가 아니면 사람은 잘 볼 수가 없다. 본질적인 것은 눈에 비가시적(非可視的)이다"라는 말의 의미를 자연과 관련하여 새롭게 음미할 필요가 있다. 생명체의 공간인 자연, 그러면서도 자신의 범주를 지니지 못하고 인간과 대화 상대자가 되지 못하는 자연, 인간이 늘 필요로 하면서도 그 본질만큼은 늘 거부되어 온 자연이라면 이제는 자연계가 담고 있는 특유한 전망을 새로운 눈으로 관조할 때다.

관조한다는 것은 다른 것이 아니다. 그것은 자연과 그 안에 있는 모든 존재들을 인간화하고 인격화하는 작업이다. 이런 작업은 자연 안에서 이루어지는 게 아니다. 그것은 인간의 내심에서 진행될 수 있으며 이러한 일을 통해 인간은 자연화되고 사물들과 개별적인 관계를 맺을 수 있다.

자연 사물들의 고유한 가치를 인정하고 하나하나 쓰다듬어줄 때 인간은 자연화되고 자연은 인간화될 수 있다. 창세기에 나오는 이 세계를 다스리라는 말씀도 인간이 자연을 제멋대로 다루어도 좋다는, 즉 만능 패스포트(passport) 식의 세계 질주를 허용하는 언사가 아니다. 그것은 자연계와의 깊은 교감을 통해 인간이 만물의 영장이라는 존재론적 차원을 고대의 근동어로 정의한 것에 불과하다.

성인들, 특히 성 보나벤투라가 바라본 자연계는 다른 비관주의적 철학에 나타난 것처럼 결코 무뚝뚝하거나 감옥과 같은 세상이 아니라 하느님이 '인간을 위해 지은 집'과도 같다. 집이라는 개념은 항상 따스하고 친밀한 가족관계를 유지한다. 따라서 집 자체의 의미를 지니고 있는 우주(宇宙)가 인간에게 따스한 거처가 되지 못한다면, 마르틴 부버(M. Buber)가 지적하고 있듯이 그것은 가공할 만한 것이 되고 만다.

우주가 인간의 거처가 된다면 거기에는 인간을 위한 세계들만이 존재한다. 사실 인간 삶에 있어서 집은 위험들을 제거하며 연속적인 인간의 계획들을 증대시킨다. 집 없는 인간은 흐트러진 존재일 것이다.

인간은 세계에서 외적인 존재도 아니고 저편에 던져진 존재도 아니다. 인간은 세계라는 따스한 난로 옆에 자리한 존재이며 또 그러한 거처에 합당한 존재이기에 우주에서 가장 완전한 작품이라 할 수 있다.

오늘 우리를 감싸고 있는 자연은 인간의 착취와 폭력으로 인해 새로운 염려와 걱정의 대상이 되고 있다.

언제부터인지는 몰라도 '지구 사살'이라는 말이 나돌고 있다. 강, 바다, 숲, 들, 도시, 음식물 그리고 대기는 적지 않은 사람들의 제어되지 못한 야망의 희생물로 화하고 있다. 산업화와 기술의 지배, 인공두뇌학(人工頭腦學, cybernetics)의 시대가 도래하면서 사람들은 관조의 대상으로 여기던 밀림의 신비를 단명하는 독초의 세상으로 둔갑시키고 있다. 집을 가꾸어가고 있는 것이 아니라 파괴시키고 있는 것이다. 이런 이유로 인해 환경에 손실을 입히는 인간 침해에 대한 고발의 목소리가 점차 높아지는 것은 어쩜 당연한 일인지도 모른다.

이전에 루소는 결코 속이지 않는 자연을 두고 문명화된 인간보다는 선한 야만인의 덕을 강조한 바 있다. 그는 『에밀』 제1권에서 "창조주의 손에서 나올 때 모든 것은 완전하였다. 그러나 인간의 손아귀에서 타락하고 있다"고 탄식하면서 인간의 건전한 발전을 위한 특권적 거처로서의 자연을 보호하고자 나름대로 힘썼다. 당대의 문명화에 반하는 논조로 구성된 이 글에서 그는 현대의 문명이나 문화 발전이라는 것이 얼마나 반대급부의 해악을 가져올 수 있는지를 간파했던 것이다.

현대인 역시 낭만주의적 자연관에 도취될 뿐 자연과의 형이상학적 여정의 사교성이나 구체적인 자연과의 깊은 유대관계를 맺지 못하는 무능력함을 여지없이 드러내고 있다. 그저 흥미를 유발하는 자연을 두고 막연한 범신론적 태도를 지닌 것으로 만족해하기도 하고 자연이 자신의 감정적 요청에 만족을 가져다주지 못하거나 자신이 지닌 환상에 무조건적인 답변을 주지 못하는 경우 즉시 등을 돌려버리는 냉정함을 보이기도 한다. 그는 멀리 바라다 보이는 한 폭의 그림 같은 목장을 좋아하기는 하지만, 그 안에서 궂은일을 도맡아 하는 목동의 신세를 처량히 여기며 자연 일반에 대한 사랑을 노래하는 데 그친다. 그는 구체적 자연에 대한 사랑이나 본질을 들여다보는 데에는 무관심하다. 이러한 태도는 구체물 안에서 존경과 사랑을 드러내며 만물에 대한 개별화 및 인격화의 시도가 시급한 현금의 과제와는 너무나 동떨어진 무심한 태도인 것이다.

사물들이 영속적인 순진무구함을 지니고 있다는 이유만으로 인간이 사물들을 삼켜버리고 마는 고약한 주인 행세를 하게 된다면, 이것이야말로 참으로 가혹한 행위이며 단죄받아 마땅하다. 이것이야말로 인면수심이 아니고 무엇이겠는가.

최근에 와서 동서양의 자연관은 산업화라는 미명 하에 어느 때보다도 공격적인 양상을 띠고 있다. 자연에 대한 이런 태도는 급기야 항거하고 반대하며 충돌하는 자연관을 유발할 수밖에 없다. 과다한 벌목이 큰 산사태를 불러오듯 자연의 인내심도 한계가 있어 결정적인 순간에 참혹한 재앙은 모든 것을 다 쓸어가 버릴 수도 있다.

니체는 "우리는 자연 안에서 아주 평온하리만치 편안함을 느끼는데, 이유는 우리와 관련하여 자연은 아무런 의견을 갖고 있지 못하기 때문이다"라고 말한 바 있다. 그러나 이러한 주장은 어떤 의미에서 받아들이기 힘든 것이다. 왜냐하면 자연은 무조건 인간의 편의를 위해서 수난당할 수만은 없기 때문이며 또 때로는 인간을 가혹하리만치 판단하기 때문이다.

자연은 어떤 의견을 선포하며 인간을 판단하지는 않는다. 그러나 한 번 판단할 때는 화해 불가한 방법으로 자신을 드러낸다. 요즘 세계 여러 나라에서 발생하고 있는 기상이변 현상이 그 한 예라 할 수 있다.

한마디로 자연은 보상할 줄도 알며 징벌할 줄도 안다. 우리가 자연에 대해 폭력을 휘두를 경우 경험하게 되는 부정적 결과들이 그러한 증거들이 아니고 무엇이겠는가. 이런 사실을 인지하고 자연에 대해 드러내고 있는 행위의 오류들을 수정하고 본래적인 자연관 안에서 인위적인 눈길을 개조하려는 노력만이 만물의 영장인 인간만이 해낼 수 있는 지혜인 것이다.

결국 지구 사살은 인간 사살을 자초한다는 사실을 알아야 한다. 이런 이유로 몇몇 학자들은 이제 인간보다는 지구를 먼저 돌보아야 한다는 이색적인 주장을 하기에 이르렀다. 그들의 이런 주장은 인간의 고귀성을 무시해서도 아니고 인간이 자연보다 못하다는 저급한 발상에서 생겨난 것도 아니다. 자연이 존재해야 인간이 존재할 수 있다는 순번의 원칙을 강조함으로써 인간보호를 더 본질적인 차원에서 새롭게 해야 함을 강조한 것이다.

자연은 상상할 수 없을 만큼 제 모습을 잃어왔고 비인간적 행위로 말미암아 비인간화의 근원처럼 묘사되고 있다. 자연세계가 인간의 무분별하고 무차별적인 욕심으로 인해 상상 외로 희생당하고 있는 것이다.

인간은 사물들을 삼켜버리는 무시무시한 태도를 저버리고 자연 안에서 자연과 함께 '심오한 기쁨의 동기'를 발견할 줄 알아야 한다.

그러기 위해서는 자연과 사물 앞에서 단순한 관망자의 태도를 취하는 것으로는 여의치 않다. 인간-자연 간의 관계를 근본적으로 변화시킬 수 있는 방법은 마리탱(J. Maritain)이 말하듯, 물질적 자연이 산업화에 의해 우리의 이익으로 이용되기 전에 어떤 의미에서 사랑에 의해 먼저 길들여져야만 한다. 다시 말해 애정을 다해 사물들을 사랑하고 사물들과 함께하면서 그들 수준에 걸맞게 인간적인 것을 낮추어야 한다. 이는 다름 아닌 사물들을 인간적인 영역에 끌어들이는 위대한 작업인 것이다.

이것이야말로 자연으로의 회심이다. 동시에 예언자 이사야가 미리 내다본 메시아의 왕국이 도래하는 전환점이기도 한다. 이 왕국에는 사자와 어린 양, 독사와 어린이, 젊은이와 노인이 함께 살게 될 것이다. 그렇게 되면 인간은 자연과 하나 된 형제애에 힘입어 세계 안에서 새로운 거처 방식과 존재 방식에 도달할 수 있다. 이는 이상적인 세계관이라기보다는 본래 하느님께서 원하신 창조의 질서로 복귀하는 것이다.

사물들 자체는 본질에 따른 자신의 존재를 이룩할 수 없다. 그러한 과제는 하느님이 인간 편에 부여하신 것이다. 그러기에 하느님의 모상에 따라 창조된 영묘한 인간이 자연 사물의 고유한 가치와 의미를 바라보고 그에 걸맞은 대접과 인간화 작업에 최선을 다하지 않는다면, 그분이 원하신 창조 질서는 역사 안에서 결코 완성에 다다를 수 없다. 이러한 관점에서 창조 질서와 세계 질서를 새롭게 재편하며 완성으로 이끄시는 하느님의 뜻에 제대로 협력할 줄 아는 인간이야말로 다름 아닌 만물의 영장인 것이다.

이런 인간이야말로 창조주와 피조물 사이에 근접성과 거리감이라는 등급과 차이들이 존재함을 아는 자이며 사물들과 여타의 창조된 존재들 안에는 신의 표적이 필연적으로 남겨져 있음을 고백하는 자다. 이런 인간은 우주의 집에서 가장 좋은 조건으로 거처하는 방법을 알기에 세상에서 이방인처럼 느끼며 사는 괴로움이나 두려움에서 해방될 수 있다.

인간은 세계 안에서 그 어떤 외부적인 존재일 수도 없고 저편에 던져진 존재일 수도 없다. 그는 온기가 따스한 안방에 거하는 주인장처럼 세계 안에서 창조의 걸작으로 평가되는 중간 존재다. 그러기에 인간은 완전한 작품으로 우주에 "지극히 합당한 존재"로 남아 있다.[1]

1 St. Bonaventura, *Brevil.*, p. 2, c. 10, n. 2.

제 10 장
자연과 인간

철학적인 관점에서 말해지는 우주론적 세계가 아닌, 일상적인 삶 안에서 우리가 마주하는 평범한 세계로서의 자연이 새로운 각도에서 사람들의 관심을 끌기 시작한 것은 20세기 초에 들어서서다. 제2차 세계대전을 전후로 자연에 관한 이해는 현대문화의 발전이라는 틀 안에서 참으로 요청되는 새로운 이슈로 등장했으며, 특히 자연이 인간과 관련하여 갖고 있는 고유한 의미는 이전의 역사 안에서는 생각할 수 없었던 실존적 차원에서의 해답을 갈구하게끔 만들었다.

1. 자연에 대한 관심

자연에 대한 이런 관심사는 당시 유럽 사회에서 끊임없는 논의를 불러일으켰고 구체적이고 실천적인 방향으로 이를 확산시키려는 움직임들도 계속해서 생겨났다. 당대 유럽은 실증주의와 실용주의가 강력한 힘을 발휘하던 때였고 이에 대한 반발로 실존주의가 독일에서, 인격주의가 프랑스에서 그 모습을 드러내며 위력을 떨치며 자연과 인간의 문제들을 새롭게 수정된 궤도에서 관찰할 필요성을 느꼈다.

서구인들이 보여준 자연보호와 자연에 대한 집중적인 관심은 어떤 면에서 우리보다 훨씬 앞선 것이었다. 물론 그들이 보여준 자연에 대한 관심사는 당대의 물질문명의 발달로 말미암아 파생되는 환경오염 문제, 자연훼손과 그 파괴에 대한 우려와 관련되는 것이었다. 자연에 대한 이런 식의 관심은 오늘날에 와서는 동서양 할 것 없이 전 인류의 차지가 되었다. 인간의 무분별한 이용의 대상이 되어온 이래 자연은 위태로운 삶의 장으로 변모해 왔고, 급기야 우리 앞에 그 모습을 흉측하게 드러내기에 이르렀다.

2. 일상적인 자연관의 태도 변경

시기적으로 늦은 바가 있지만 근자에 들어서서 우리나라도 새로운 차원에서 자연에 대한 관심을 갖기 시작했고 녹색혁명의 중요성을 설파하는 운동들도 펼치기 시작했다. 기억하건대 20여 년 전에도 이 땅에서 '자연보호운동'이 있었으나 이론적으로나 학적으로 거의 뒷받침되지 못한 상태여서 그저 구호에만 그친 피상적 운동으로 시들해 버린 적이 있었다. 그리고 그 운동이라는 것은 지시적, 하향적 성격의 공권력이 개입된 기형적인 것이었다.

지금에 와서 사람들은 자연스럽지 못한 자연을 자주 접하게 되고 이와 직결된 비인간화를 다른 어느 때보다도 뼈저리게 체험하고 있다. 그 결과 본래적인 자연을 그 어느 때보다도 간절히 필요로 하고 있다. 그렇다면 학적인 면에서 자연의 문제를 새롭게 정립하고자 하는 시도들은 계속적으로 뒷받침되어야 하며 이에 병행하여 실천적 차원에서의 자연보호운동 역시 권장되어야 할 것이다.

　동양인은 역사 이래로 서구인과는 다른 자연관을 지니고 있었다. 간략히 말해 동양인은 순응적이고 일치적이었고 조화적이었다. 그렇지만 지금에 와서 동양인들 역시 자연의 근본적인 의미를 외면한 채 지배적이고 대립적이며 모순적 차원에서 자연을 대하고 있다. 이러한 자연은 전통적이며 보편적인 사고로부터 크게 유리된 정복되어야 할 타자(他者)로 남아 있을 뿐이다.

　동서양 할 것 없이 전 세계가 자연을 인간 욕구의 분출의 장이나 유용성을 수급할 수 있는 결정적 도장 내지는 창구 정도로 간주한다면, 문제는 그 결과로 자연이 인간 앞에서 점차 보복과 응징의 태도로 그 거대한 모습을 드러낼 수밖에 없다는 사실이다.

　따라서 동서양을 막론하고 자연 앞에서 만인의 강력한 태도 변화 내지 자세 전환이 요구된다. 나와 함께하는 자연, 나의 삶이 실현되는 구체적인 공간으로서의 자연을 깊이 이해하려는 노력, 자연을 존중하는 마음자세 등은 그야말로 이 시대가 긴히 필요로 하는 덕목이다.

3. 세계의 신비

오늘날의 사상체계에서 이 세계가 인간의 안락한 거처가 되어야 한다는 인간과 세계 간의 관계 규명, 그중에서도 이 세계가 인간을 따뜻하게 감싸는 도구가 되어야 한다는 사실의 요청은 철학이 우리에게 가져다준 가장 커다란 소득 중의 하나다.

세계는 상징, 관계, 표지, 반향들로 가득하다. 이런 전망에서 행해지는 연구와 조사, 신비론은 유일한 지향적 목표를 향해 서로 환치된다. 즉 상징적 정신 구조, 해석으로서의 사유, 이를 표현하는 어의적인 존재론은 현대사상 안에 엄밀하게 존재하고 있다. 인간은 우주 세계에 새로운 의미를 부여할 수 있고 그 원리를 중심으로 우주를 인도할 수도 있다. 그러기에 세계의 완전성은 인간 안에서 발견되며 그 극치도 이 안에서 탐색될 수 있다.

> 우리는 존재하는 만물의 목적이라는 점이 확실하다. 물질적인 모든 존재는 인간에게 봉사하기 위해 만들어졌다. 그러기에 이 모든 존재들은 우주의 창조주를 위해 사랑과 찬미로 불타게 될 것이다. 창조주의 섭리에 의해 만물은 올바르며 적재적소에 배치된다.[1]

이런 세계는 여타의 종교적 신비적 모체가 된 철학이나 비관주의

---

1 St. Bonaventura, *Brevil.*, p. 2, c. 4, n. 3.

철학 안에 나타나는 무뚝뚝하거나 감옥과 같은 세계가 아니라 창조주가 지어준 집으로 인간을 위해 존재하는 거처다.

이런 멋진 처소인 세계와의 만남은 인간의 자기와의 만남이기도 하다. 인간 삶은 세계 안에서의 존재라고 규정된다. 궁극적으로 이러한 삶은 인간을 위해 존재하는 세계와 사물들과의 영속적인 접촉을 하는 가운데 생생히 실현된다. 인간 삶은 외부를 향해, 세계를 향해, 세계 안에 존재하는 것을 향해 계속적인 연관성을 맺지 않고서는 달리 어떻게 해볼 수가 없다. 왜냐하면 삶은 주관성 그 자체에만 환원될 수는 없기 때문이다. 개방성과 타자성(他者性)으로의 소명을 지닌 존재의 질식은 모든 것을 불가능하게 만든다.

4. 인격 차원에서 복원 가능한 자연

지금 이 순간 우리가 살고 있는 이 세계를 바라보고 있노라면 저간의 위인들이 남겨놓은 철학적 지혜들은 사장되고 인간에 의한 자연파괴가 매우 심각한 처지에 이르렀음을 알 수 있다. 더구나 자연파괴로 인한 인간파괴는 우리가 알아차릴 수 없을 만큼 위기일발의 급박한 상황으로 치닫고 있다. 이는 우리가 즉각적으로 대처해야 하는 당면과제로 주어졌다. 이 모든 것의 근저에는 이 시대가 무차별적인 생산과 소비주의에 물들어 있기 때문이다.

여기 인천의 남동공단만 해도 물건을 생산하는 공장들이 즐비하다. 공장들은 어떻게 하면 더 나은 양질의 제품을 더 많이 만들 것인지에 관해 심혈을 기울이며 제조공법에 임한다. 이것은 기업이 추구하는 생산성의 증대와 직결되는 문제다. 그 어떤 공장도 아무런 이유 없이 생산력을 감소시키거나 구매력이 떨어지는 제품을 생산하려 들지는 않는다. 기업을 운영하는 사람이라면 당연히 생산력의 증대와 고객의 입맛에 맞는 제품을 개발하고자 한다.

소비주의적 관점에서도 더 양질의 다양한 제품들을 선호하며 소모하고자 한다. 생산주의적 추세에 입각한 소비문화는 당연히 구매력을 증가시킬 수밖에 없다. 이런 소비 형태는 또 다른 생산주의를 가속화할 수밖에 없는 결과를 낳는다. 이러한 상호간의 연계성은 끊임없는 악순환을 불러일으킨다. 문제는 이런 현상이 은연중 자연파괴를 가속화하고 결국에는 인간파괴를 불러온다는 사실이다.

우리는 인간과 세계 문제를 좀 더 근원적인 차원에서 이해할 필요가 있다. 사실 인간이 정신생활을 해나간다고 할 때, 정신이란 존재 내부에 국한된 것이 아니고 늘 밖으로 향하게 되어 있다. 외부로 향하는 정신은 자신을 둘러싼 다른 존재들과 끊임없이 공생 공존하는 관계를 맺는다. 그러므로 인간 정신은 자신을 감싸고 있는 환경세계와 별개일 수 없다.

특히 인간 인격이라고 할 때 그것은 진정 전체성과 연루된다. 인간 인격이 통합성과 전체성을 지닌 이성적 실체로 계속 성장하려면 변화하는 주변 환경에 끊임없이 적응하려는 노력이 있어야 한다. 분위기와 접속하고 상호 교호작용을 통해서만 인간 안에 내재된 잠재성은 발전할 수 있기 때문이다. 따라서 외부 상황, 환경, 분위기와 같은 자연계에 대한 각별한 관심과 애정을 전제로 할 때에만 인간은 인격체로 제대로 성장할 수 있다.

대부분의 성인, 성현들이 탄생하고 또 그들이 일생을 지낸 장소들을 거닐다 보면 한 가지 공통점을 발견하게 된다. 그것은 성인들이 지내던 장소들이 특별한 경우를 제외하고는 한결같이 좋은 자연조건들을 지닌 터전이라는 것이다. 좋은 기후, 아름다운 자연풍광들은 그들의 삶을 성덕으로 이끄는 데 주요 매개물로 작용했던 것이다. 여기서 우리는 인간이 기후적인 동물이라는 것을 말하고자 하는 것이 아니라 — 다분히 그런 요소가 있는 것도 부정할 수 없다 — 주위 환경, 분위기, 다시 말해 세계로부터 어쩔 수 없는 제약을 받는 존재라는 의미에서 이 점을 언급하고 있을 뿐이다. 인간이 정신적인 활동을 하는 경우에도 마찬가지고 더구나 신체를 지닌 존재라고 말할 때는 더더욱 그러하다.

이런 맥락에서 살펴볼 때 인간과 자연의 관계는 본질적이며 필수불가결한 것이다. 인간이 일방적으로 물질주의로만 편중되거나 그런 실정에 빠져들 수 없듯이 그가 유심론으로만 기울어진다는 것은 있을 수 없는 일이다. 이런 주장의 근저에는 실제로 인간과 자연 간의 관계가 참으로 실질적이라는 점과 이 관계를 더 완전히 해나가야 한다는 요청이 깔려 있다.

세계는 열려 있다. 전에는 인간이 참으로 고독한 존재라고 말해졌지만 자연과 인간의 절대적 상관관계를 주장하는 철학적 관점에서 바라볼 때 인간은 더 이상 고립된 존재도 아니고 자기 안에 폐쇄된 존재도 아니다. 오히려 세계 안에 존재하는 모든 것과 연관성을 지니고 있는 개방된 존재인 것이다. 이런 관점에서라면 인간은 더 실제적이고 구체적인 존재로 나타나게 된다.

세계는 인간 인격의 방해물도 아니고 인격에서 배제되거나 소외될 수 있는 것도 아니다. 세계는 인간 인격체가 필히 요하는 구성물이고 인격의 통합을 위해 소용되는 요소다. 한마디로 자연세계는 인간 삶에 구조적으로 귀속되는 그 무엇이다.

5. 염려의 대상인 자연

그렇다면 지금 이 시점에서 인간과 자연의 관계가 과연 그토록 밀접한 상관관계를 맺고 있는 불가분의 실재들로 이해되고 있는지 자문해 보지 않을 수 없다. 한마디로 그렇지 못하다. 앞에서도 지적했듯이 자연은 커다란 걱정거리로 인간 세계의 지평에 떠오르고 있다.

우리가 현실생활에서 피부로 느끼듯이 인간의 연장이라고까지 말해지는 자연은 크게 오염되어 있고 훼손되고 황폐화되고 있다. 그래서 최근에는 많은 이들이 목소리를 높이고 있을 뿐 아니라 자연보호운동에 적극적으로 참여할 태세다. 특히 선진국들은 이런 운동에 앞장서 왔다. 그들은 이미 의식주 문제를 해결한 상태에서 문화생활이라는 혜택을 누리는 가운데 자연의 중요성을 경제적, 시간적 여유속에서 터득하게 되었다. 그렇지만 개발도상국들은 이런 생각조차 할 수 있는 형편이 못 되며 이 모든 것을 사치로 치부할 따름이다. 특히 후진국들은 선진국들이 사용하던 기계와 도구들을 힘들게 구입하여 산업경제발전에 투입, 발전에 박차를 가하기에 여념이 없기에 자연훼손이라든지 환경오염 문제 따위에는 신경 쓸 겨를조차 없다.

우리도 저간 경제개발이다 산업발전이다 하면서 이런 문제들이 가져다줄 후폭풍에 별다른 관심을 두지 않았다. 그런데 얼마 전부터 심각한 수준에 이른 공장폐수, 식수오염 문제 등 이곳저곳에 산적한 문제들이 터지면서 더 이상 생태계를 소홀히 할 수 없다는 급박한 처지에 이르렀음을 감지하게 되었다.

지구 역사는 약 45억 년이라고들 한다. 반면에 인간이 이 지구상에서 문명을 일으켜 오늘의 세계를 펼치게 된 것은 길게 잡아 1만 년 정도에 불과하다고 한다. 지난날의 장구한 지구 역사, 온갖 신비와 아름다움이 수놓아진 세계의 조화로움은 지금에 와서 산산조각 나고 있다.

자연은 자연만이 아니고 자연에 그치지도 않는다. 앞에서도 언급했듯이 자연은 인간의 삶과 직결된다. 자연은 인간의 다스림과 관련하여 인간화되어야 하는 과제의 대상이기도 하다. 그럴 때에 자연도 인간을 자연화하게 된다.

이런 과제를 실현한다는 것은 쉬운 일이 아니다. 그러기 위해서는 학자들의 도움을 받아야 하고 사상사들의 분석서도 파헤쳐 봐야 한다. 또 신비가들의 체험도 들어보고 시인과 예술가들의 천재성의 일면도 직관할 줄 알아야 한다. 이들은 이런 문제들에 대해 의미심장한 가르침을 소유하고 있기 때문이다.

6. 문제점과 새로운 대처법

우리는 자연 앞에서 일상적인 삶의 태도 변경을 통해 시인의 마음

자세로 돌아설 필요가 있다. 시는 아무나 언어로 노래할 수 있는 것이 아니고 거룩하고 솔직한 사람만이 쓸 수 있다. 따라서 습관적인 삶의 양식에서 벗어나 참으로 현존해야 할 미래세계를 상상하고 창조하며 자연을 읊조리는 데 게을리하지 말아야 할 것이다.

앞서 언급한 대로 현대세계에서 인간 노동은 생산성을 증대시키는 데 있어서 놀라운 발전을 이룩했다. 특히 기술은 거의 전능한 단계에까지 이르렀다. 이렇듯 인간은 자신의 창조물을 이용하여 자연의 위력을 거의 완벽할 정도로 지배하기에 이르렀다. 이런 지배력은 자연의 본 모습을 상실케 하는 가장 위협적이고 해악적인 요소 중의 하나로 지목받고 있다. 오늘날 제3차 산업혁명이라 일컬어지는 자동화는 말할 필요도 없이 노동력을 감소시키고 노동시간을 대폭 축소시키는 등 다양한 측면에서 유효한 결실을 가져다주었지만, 다른 한편으로는 자연에 대한 인간의 인식적 측면을 결정적으로 역전시켜 사물을 있는 그대로 바라보지 못하게 하는 결점으로 작용하고 있다.

자연을 변화시킬 수 있는 유일한 힘은 노동이다. 이 노동에 개입된 힘은 고대세계에서는 단지 육체만의 노동력이었고 차츰 도구의 힘, 기술, 정밀과학을 통해 발전하면서 근자에 와서는 엄청난 생산력의 확장을 가져오게 되었다. 이런 발전의 프로세스에서 하느님이 인간으로 하여금 자연을 지배하라는 참된 의미는 상실되고 인간 정복, 욕구의 분출의 장으로서 자연만이 수용되고 있을 따름이다. 이는 이 시대를 살아가고 있는 우리가 안고 있는 문제 중에 가장 심각한 것이기도 하다.

현금에 사람들은 고귀한 물품과 값진 상품을 생산하고 발전된 기계와 고도화된 기술로 자연을 지배하게 되었음에도 인간의 고유한 품위와 전통적인 가치들을 상실한 세계에 살지 않으면 안 되기에 이르렀다. 어찌 보면 과다할 만큼 기술적이고 일 위주적인 합리적이고 인정이 메마른 세계에 살게 된 것이다. 이 때문에 적지 않은 이들이 기술적이고 가치 파괴적인 세계에서 스스로 구원되고자 반사회적, 반문화적 운동들을 전개하기에 이르렀다.

오늘날 우리 사회 안에 방치된 힘은 이상하게도 소비하기 위해 많이 일하는 것이다. 즉 인간 노동은 소비주의를 지향하고 있다는 사실이다. 결국 최대의 생산은 가능한 한 모든 것을 소비하기 위한 것이다. 이것이야말로 참으로 서글픈 현상이다. 이런 생산과 소비 과정에서 인간은 더 이상 노동 행위의 책임성 있는 주체가 아닌, 생산과 소비주의 체제의 조정을 받는 수단으로 전락하고 있는 셈이다.

이 시대의 문제는 먹고사는 문제가 아니라 얼마나 많이 생산하고 소비하며 또 얼마나 많은 것을 소유하느냐에 달려 있다. 막스 셸러에 의하면 이런 세계에서는 모든 가치체계가 뒤바뀐다고 말했다. 즉 전통적인 세계에서 일차적이었던 것이 지금에 와서는 이차적, 후차적인 것이 되고 하급적인 것이 상급적인 것이 되고 마는 식이다.

소비주의적인 성향에서 벗어나 매일의 삶을 소유가 아닌 존재의 의미와 가치 안에 두려는 태도 정립이 그 어느 때보다도 시급히 요청되는 때다. 더 이상 수입이나 어떤 성과에 관심을 가질 것이 아니라 단순성과 성실성으로 귀환하는 것이 필요하다. 이러한 태도 정립이야말로 인간에게 있어서 인간이 된다는 것을 의미하고 자연에 대한 인간 욕구의 충족을 제어할 수 있는 방편이 된다. 이는 인간이 본래적인 인간이 되는 것을 뜻하며, 인간의 중심에 도달하는 것이라고 말할 수 있다.

세계 안에 존재하며 산다는 것은 나로부터 세계를 향해 나가는 것을 의미하기도 하고 세계로부터 나에게 오는 관계들의 무한성을 파악하는 가운데 그 안에 내가 연루되어 책임성을 지니고 있음을 뜻하는 것이기도 한다. 인간은 단순히 인식론적인 주체이거나 독단적인 주관이 아니다. 인간은 무엇보다 인간적 주관이다. 자신의 구체적 상황에서 외부로, 즉 세계를 향해 돌아설 줄 아는 존재다. 그리고 인간들뿐만 아니라 사물들과 함께 행위하면서 자신의 삶을 가꿀 안다. 이러한 사물들은 그가 필요로 하는 보충물이다.

세계는 결코 사유의 영역으로 환원되지 않는다. 그 어떤 존재도 우리의 관념 안에서 물질화되지 않기 때문이다. 자연 사물들은 있는 그대로 인간이 인간일 수 있게끔 인간적 가능성의 지평을 이루고 있을 뿐이다.

인간이 자연을 문화화한다면 자연 사물은 인간 본성을 인간이게끔 하는 옷을 입혀준다. 다시 말해 인간은 자연 안에서 인간적 실현이라는 의미로 배태된 영혼인 것이다. 이런 존재인 "인간은 우주의 목적이다."[2]

노자의 가르침처럼 인간 정신이 천(天)이고 인간이 천계를 바라보

---

2 *Ibid.*, p. 2, c. 4, n. 3.

고자 한다면 혼탁한 육의 모습을 벗어나야 하듯이, 기술인인 현대인이 자신의 삶을 만족스럽게 실현해 나가고자 한다면 자연계의 피조물의 존재 자체와 그 위상을 조물주의 창조경륜에서 이해하고 받아들여 자연에 대한 존중심을 새롭게 해야 한다. 이 점은 계속해서 공표되어야 하며 학적 관점에서도 그칠 줄 모르는 구론의 대상이 되어야 할 것이다.

제 11 장
자연과 함께 어우러지는 삶: 성 프란체스코의 모범

　지구가 병들어 가고 있다. 우리의 따스한 거처가 되어야 할 이 땅은 불행히도 오물로 뒤덮여 있으며, 하느님의 영광으로 충만해야 할 저 높은 하늘은 희뿌연 매연으로 몸살을 앓고 있다. 이런 비참한 현실을 두고 사람들은 '지구 사살'이라는 말까지 쓰고 있다. 실상 이 말은 오늘날 인간에 의한 자연파괴의 심각성이 어디까지 이르렀는지 단적으로 표현해 주는 섬뜩하고도 무시무시한 말이 아닐 수 없다.

　언제부터인지는 몰라도 졸졸 흐르던 개울물은 악취를 풍기는 검은색 물감으로 변해 버렸고, 들과 산 할 것 없이 사람들의 발길이 닿는 곳이면 예외 없이 쓰레기가 방치된 채 자연을 뭉그러뜨려 놓고 있다. 지금도 공장 굴뚝들은 생산의 흐뭇한 결과인 양, 시커먼 연기를 자랑스럽게 내뿜고 있다. 기가 막힐 일이다. 자연과 함께 어우러지넌 과거의 따스하고도 평화로운 삶은 온데간데없고 높다란 담 벽을 타고 흘러나오는 냉랭하고도 시끄러운 기계소리만이 귀를 따갑게 하고 있을 뿐이다.

자연과 어우러지지 못하고 자연을 못살게 하는 우리의 삶이라면 말할 필요도 없이 이러한 태도는 재조정되고 재편되어야 한다. 인간은 세계-내-존재이며 자연세계는 인간의 연장으로서 그의 삶과 뗄 수 없는 연관성을 맺고 있는 까닭이다. 그런데 오늘의 현실은 인간과 관련된 위기가 자연파괴로 인해 점점 가속화되고 있고 그 위험성이 가중되고 있다. 따라서 몇몇 사상가들은 이제는 인간에 대한 걱정보다는 세계와 자연에 대한 염려와 관심사로 문제의 시각을 돌려야 한다고 주장한다.

세계는 국제단위의 협의체를 구성하고 자연훼손과 생태계 파괴의 원인을 규명하며 그 실상을 고발하는 목소리를 멈추지 않고 있다. 우리나라 역시 1990년대 초부터 자연파괴의 심각성에 대해 커다란 우려를 나타내기 시작했고, 교회 역시 자연보호에 대한 지대한 관심사를 표명하며 대책을 숙의하고 실천적인 보호 차원에서 이 운동을 확산시키려는 모습을 보여 왔다.

정말 손을 써야 할 때다. 오늘까지 묵묵히 우리의 삶을 보장해 주던 둘도 없는 우리의 친구인 자연과 화해해야 한다. 그러기 위해서는 일상생활의 궤도를 벗어나 지구 살해의 주범인 인간 욕구를 제어하고 그 공범인 생산주의와 소비주의의 끝없는 악순환의 고리를 깨부수어야만 한다. 이것은 다름 아닌 소유의 도시에서 존재 세계로의 이행 내지는 탈바꿈을 의미한다. 이러한 태도 변화만이 세계로부터 인간을 위한 구원의 발판을 마련해 줄 수 있으며, 그럴 경우에만 인간은 자연과 제대로 어우러질 수 있다.

역사 안에는 많은 이들이 자연과 하나 되어 살아갔다. 그중에서도 아시시의 성 프란체스코는 대표적인 인물이다. 그는 특별한 방식으로 자연과 조화 있는 삶을 살아감으로써 인류 사회에서 삶의 전문가로 추앙받게 되었다. 프란체스코는 오늘을 살아가는 우리들이 자연 앞에서 어떠한 태도를 취해야 하는지를 자신의 실천적인 삶을 통해 잘 보여주었다.

복음에 입각한 생활방식으로 13세기를 먹이고 살찌운 이 아시시의 성자는 자신과 하느님 사이에 독특한 관계 차원을 형성했을 뿐 아니라 인간과 자연의 관계에 있어서도 놀라운 모습을 드러냄으로써 오늘에 이르기까지 '자연의 형제'로 전 인류의 귀감이 되고 있다. 이런 맥락에서 교황 요한 바오로 2세가 1979년 11월 29일, 아시시의 프란체스코를 생태학자들의 주보성인으로 선포한 것은 우연한 일이 아니다. 사실 프란체스코만큼 진정으로 자연을 사랑한 사람도 없었다. 자연에 대한 그의 사랑은 놀랍게도 인격적인 것이었으며 구체적이고 개별적인 것이었다. 다시 말해 존재하는 모든 사물에 대한 그의 애정은 존중심과 세심한 관심으로 충만했다. 그는 우리가 이해할 수 없을 만큼 자연과 그 안에 존재하는 모든 것들을 온몸으로 끌어안고 살았다.

프란체스코는 산, 골짜기, 강, 수풀, 들판을 바라볼 때나 꽃, 동물, 무생물과 같은 존재들의 아름다움 앞에 자리할 때 항시 기쁨에 겨워 어찌할 바 몰랐다. 그에게 있어서 우주와 자연은 조화 자체였으며,

그는 이 조화를 마음속 깊이 느끼며 살았다. 자연에 대한 그의 애정은 본래부터 타고난 것이었는지도 모른다. 왜냐하면 그가 스물다섯 살에 회개 생활을 시작했을 때 그의 가치관과 세계를 바라보는 눈이 전적으로 변화되었음에도 불구하고 그의 자연에 대한 애정만큼은 늘 동일한 것으로 남아 있었기 때문이다. 회개하기 전, 병석에 누워 있을 때도 그는 아시시 들판과 주변 경관을 유심히 바라보며 깊은 생각에 잠기곤 했다. 성인의 삶을 증언하는 유명한 전기 작가인 첼라노의 토마스는 이 사실을 두고 다음과 같이 증언한다.

> 삼라만상에서 창조주이신 하느님의 지혜와 힘과 선을 관조할 때 그가 맛본 그 감미로운 느낌을 누가 말로 다 할 수 있겠는가? 참으로 그는 창조주의 지혜와 힘과 선을 관조하면서 해를 쳐다볼 때, 달을 바라볼 때, 그리고 별과 창공을 응시할 때, 이루 말로 다 할 수 없는 경이로운 기쁨에 자주 도취되곤 했다.[1]

이렇듯 젊은 프란체스코 앞에 펼쳐진 아름다움은 낯선 경관일 수 없었다. 그리고 그의 마음은 아름다움이 가져다준 조화와 신비로 축제의 잔치를 벌이고 있었다.

오늘의 인간이 자연을 못살게 하고 이용하며 파괴의 손길을 늦추지 않고 있는 것과는 달리, 성인은 자연과 친밀한 형제적 관계를 맺

---

1 『첼라노』, 1.80.

고 살았다. 이에 대해 첼라노 전기는 계속해서 말한다.

> 그는 겨울에도 벌들이 허약해지지 않도록 하기 위해 좋은 포도주를
> 공급해 줄 정도였으니, 다른 동물에 대한 그의 사랑에 대해서는 무엇을
> 더 말할 필요가 있겠는가? … 성인께서 아름다운 꽃의 사태를 보고 향
> 긋한 냄새를 맡을 양이면, 이 꽃의 아름다움이 얼마만한 기쁨을 그의
> 마음에 가져다주었는지를 독자 여러분이 알 수 있는지… 그는 모든
> 피조물을 형제자매라 불렀고 그 누구도 알 수 없는 방법과 예민한 감성
> 으로 사물의 숨겨진 비밀을 간파하였다.[2]

성인은 혼신을 다해 모든 이를 사랑했을 뿐만 아니라 말 못하는
짐승들, 파충류와 조류, 감각을 지닌 피조물과 그렇지 못한 무생물
까지도 형제로 받아들였다. 성 보나벤투라는 이러한 사실을 두고 만
물은 프란체스코의 자비로운 손길 안에서 우주적 화해를 거쳐 순진
무구함의 상태로 되돌아갈 수 있었다고 말했다.

자연 앞에서 프란체스코가 취한 태도는 현대인이 어떻게 이 세계
를 바라보고 그 안에서 어떻게 행위할 것인지를 가르쳐주는 원형으
로 자리하고 있다. 이 사실만큼은 그 누구도 부인하지 않는다. 피조
물들도 성인을 이해하고 그에게 복종할 만큼 프란체스코는 피조물
에 대한 친밀한 애정을 키워나갔던 것이다.

---

2 『첼라노』, 1.81.

성인은 너무나 놀라운 매력을 지니고 있어서 야생동물들을 복종하게
하고 … 인간의 원죄로 인하여 인간들과 원수가 되었던 맹수들을 다시
순종하게 하였다.[3]

복잡한 문명사회를 살아가는 우리로서는 이런 사실이 매우 생소
하게 여겨질지도 모른다. 자연보다는 인공적인 것에 물들어 있는 시
대적 차이점으로 인해 그럴 수밖에 없으리라.

그렇지만 프란체스코는 자연과 그 안에 존재하는 모든 것에 대해
다음과 같은 존중심까지도 드러냈다.

그는 형제들이 땔나무를 벨 때, 나무를 통째로 자르지 말라고 하였
다. 다시 싹이 틀 수 있도록 하기 위해서였다. 그는 밭일을 하는 형제에
게 밭 둘레를 가꾸지 말고 그냥 남겨두도록 하였다. 때가 되면 초록빛
풀잎과 예쁜 꽃들이 만물의 아버지이신 그분의 아름다움을 전하도록
하기 위해서였다. 그는 향기 좋은 화초를 심기 위해서 작은 터를 남겨
두라고 일렀으니, 그 향기 좋은 화초들은 보는 이로 하여금 영원한 감
미로우신 그분에 대한 추억을 불러일으킬 것이기 때문이다.[4]

프란체스코의 이러한 형제적이고 인간적인 태도는 현대인의 폐쇄
적이고 이기적인 모습, 사물들을 삼켜버리려는 비인간적인 자세와

---

3 『보나벤투라 대전기』, 8.11.
4 『첼라노』, 2.162.

는 너무나 대조적이다.

이러한 성인의 태도는 전혀 과장된 것이 아니었으며, 그렇다고 어떤 영웅심을 가지고 그렇게 한 것도 아니었다. 그는 참으로 자연스러운 태도 외에 아무런 의심스러운 지향도 품고 있지 않았다. 이 점이 바로 성인이 자연에 대해 지녔던 사랑의 특성이다. 그는 어떤 설명이나 해석, 교의적인 정당성에 의지하지 않고 모든 것을 자발적이고 단순한 마음으로 그렇게 했다. 그는 생명과 삶이란 것이 하느님께서 선사하신 은총이라는 것을 깊이 있게 깨달았으며, 거기서 우러나오는 감사의 느낌을 우주 안에 존재하는 모든 것에 되돌려 주는 데에 온갖 정성을 다하였다. 그렇게 함으로써 한 분이신 '하느님에게서'라는 동일한 기원 아래 모든 피조물은 다시금 같은 고리로 묶여 결국 하나라는 것을 깨닫게 되었다.

프란체스코의 자연에 대한 극적인 사랑은 그가 지은 「태양의 노래」에서도 잘 나타난다. 이 노래는 그가 이 세상을 떠나가 전, 자신의 삶을 되돌아보며 만든 것으로, 그 안에는 그가 만난 온갖 종류의 존재들이 나타난다. 사실 이 아름다운 노래는 하느님과 자연세계 앞에서 그가 취한 태도가 얼마나 완벽하게 잘 종합되어 있는지를 깊이 있게 보여준다. 그 안에서 세계는 찬미되고 존중된다.

'피조물의 노래'라고도 불리는 이 찬미가는 창공을 수놓고 있는 태양, 달, 별들을 통하여 지극히 높으신 분을 찬미하는 가운데 그 서두를 장식한다. 이어서 형제 바람, 자매 물, 형제 불을 노래하면서 우리 자매인 어머니 땅에서 그 종지부를 찍고 있다. 이 노래가 우리에게 던져주는 의미는 무엇보다도 자신의 영적인 지평 안에서 살아 숨 쉬던 자연의 조화와 아름다움을 순수 음악성과 시적 형식으로 이 끌어냈다는 데에 있다. 따라서 이 시적인 노래는 다른 어떤 작품보 다도 역사 안에서 고상하고 뛰어난 작품으로 평가되었다. 릴케는 "이 피조물의 노래만이 땅을 거룩하게 하고 찬미하도록 감싸준다" 라고 말했다.

프란체스코의 자연관은 낭만주의적 자연관과는 거리가 멀다. 낭 만주의는 자연 일반을 사랑하는 대신 자연의 구체적이고 개별적인 요소들에 대해서는 별다른 관심을 두지 않는다. 괴테의 경우에는 자 신의 존재를 위한 완전한 휴식을 자연 안에서 발견하지는 못했지만 무한한 자연을 노래한 것만큼은 유명한 것으로 남아 있다.

> 참으로 고상한 광경이여, 파우스트가 환호하였다. 그런데 아뿔사! 그 것은 하나의 광경 외에 다른 것이 아니로다. 오, 무한한 자연이여! 나는 너의 존재방식을 어디서 발견할 수 있을 것인가?[5]

이렇듯 괴테는 모든 존재들 안에서 부분적으로 드러나는 자연의 힘과 그 거대한 힘에 열성적으로 접하기를 욕구했다.

이러한 사고에는 다음과 같은 조언이 필요하다. "당신은 무한자를 찾는 데 걱정하고 있습니까? 그렇다면 사방에 있는 유한자의 뒤를 돌아다 보세요." 괴테적 관점은 브루노, 스피노자, 셸링의 사상을

---

5 Goethe, *Faust*, scena della notte.

잘 요약하고 있다. 그러한 세계관에서는 사물들과 존재들이 그 개체성과 개별성 안에서 파악되거나 가치평가되지 않고 자연과 거대한 우주 전체라는 기능 안에서 고려되고 평가된다.

따라서 괴테적 사고는 프란체스코가 절친하게 형제가 되었음을 느끼고 그들의 구체성 안에서 존경하고 사랑한 모든 사물과 존재에 부여했던 개별화와 인격화와는 상당한 거리감이 있다.

프란체스코는 존재하는 것이라면 그 어떤 것도 단순한 의미로 격하하지 않고 그 개별 가치를 인정하였다. 왜냐하면 그는 모든 사물이 나름대로의 본질과 의미로 구성되어 있음을 확신했기 때문이다. 현대세계의 위기를 자아내는 요소들 중의 하나인 '본질 제거' 혹은 그 상실, 거기서 파생되는 대중화, 익명화, 평균화는 프란체스코의 세계에서는 조금도 찾아볼 수가 없다.

이 시대에 인간과 자연의 관계는 극적인 긴장과 갈등 구조를 띠고 있다. 이러한 관계의 평화로운 해결책은 낭만주의를 구가하는 것으로 여의치 않다. 그렇다고 선두에 서서 목소리나 높이며 자연과 관련된 어떤 운동을 확산시키려는 영웅적인 태도 역시 진정한 의미의 해결책일 수 없다.

그 근본 해결책은 이 시대의 기술문명과 그에 상응하는 제반 문화가 최상적 가치를 지니고 있지 않음을 직시하면서 인간중심주의에서 일단의 주관주의로 회귀하는 데 있음을 깨닫는 데 있다. 그래야만 인간은 더 이상 자연 앞에서가 아닌, 자연 안에서 알려질 수 있다. 이런 경우에만 인간은 극도의 악순환과 가치의 혼란을 유발하는 오늘의 소비문화와 생산제일주의로부터 탈피할 수 있고 지금 앓고 있는 지구의 중병도 치유할 수 있다.

하느님이 인간에게 "이 세상을 지배하고 다스려라"[6]라고 말씀하신 것은 이 세계를 인간 야망의 희생물로 삼아도 좋다는 식의 권한을 부여하신 것이 아니라 인간이 세상 안에서 사물들과 공존하며 자신의 특수한 존재를 실현해 나가야 함을 가르치신 것이다. 따라서 인간은 사물들 위에 위치하여 일방통행식으로 자신의 유익만을 고집해서는 안 되고, 존재하는 모든 것과 함께하면서 그들의 기꺼운 동반자가 되어 주어야 한다. 그러기 위해서는 우리가 창조의 거대한 모습과 신비의 모습을 드러내고 있는 자연에 대해 이 시대의 파괴성으로 대표되는 전능한 소비주의와 그런 정신력으로 응답할 것이 아니라 프란체스코처럼 존재 세계의 지평을 확대시켜 가난의 참된 정신인 솔직하고도 넓은 마음으로 거대한 자연의 풍요로움을 받아들이고 그러한 능력을 키워 나가야 할 것이다.

자연을 알고 이해하기 위해서는 먼저 자연을 사랑해야 한다. 자연을 사랑하기 위해서는 그 안에서 살아야 한다. 자연 **안에서**, 자연과 **함께** 살기 위해서는 우선 자연에 가까이 다가서야 한다. 이러한 과정을 거치는 태도만이 인간과 자연의 관계를 근본적으로 변화시킬 수 있으며 오늘날 계속해서 발생하고 있는 양자의 갈등관계를 회복시킬 수 있다.

---

6 창세기 1:28 참조.

프란체스코는 얼마나 모든 피조물을 애정을 다하여 쓰다듬고 관조하였는지![7]

오늘도 프란체스코가 인간과 자연의 관계에 있어서 참으로 위대한 인물로 생생히 살아 있는 이유는 그가 어떤 자연에 관한 특이한 이론이나 유명한 학설을 남겨서가 아니라 세상 안에 있으면서 자연과 **함께** 그리고 자연 **안에서**를 강렬하게 느끼고 살았기 때문이다. 한마디로 그는 생태학자도 아니었고 그렇다고 해서 자연을 단순하게 바라본 관망자도 아니었다. 그는 자연의 형제였고 자연의 찬미가였다.

결론적으로 우리 모두가 자연과 함께하는 삶을 영위하기 위해서는 부요한 상인이었던 프란체스코의 아버지, 베드로 베르나르도네의 삶이나 물질적 재산을 멀리할 필요가 있다. 그리고 사물들을 진정한 인간적인 차원으로 끌어들이고 비록 말 못하는 존재들일지라도 그들의 존재 의미를 되찾게 해준 프란체스코의 모범이 무엇인지를 배우고 실천에 옮겨야 한다. 토인비는 사람들이 「태양의 노래」를 만든 저자의 모범보다는 프란체스코의 아버지인 베르나르도네의 모범을 본받는 일이 생겨났다고 말하면서 전자의 모범적인 삶을 심혈을 기울여 따를 것을 권고한다.

---

7 『페루지아 전기』, 88.

앞으로 2천 년 동안 생물권이 살아 움직이도록 하기 위해서는 우리
와 우리의 자손들이 13세기의 포목 장수였던 베드로 베르나르도네의
모범과 그의 물질적 재산을 접어두고 전 유럽인들 중에 가장 위대한 인
물 중의 한 사람인 베르나르도네의 아들인 성 프란체스코를 본받아야
한다. 프란체스코가 남긴 모범은 우리 유럽인들이 마음을 다하여 본받
아야 할 것이다. 왜냐하면 그는 이 영광스러운 연합체에 합당한 유일한
유럽인이기 때문이다.[8]

이것이 의미하는 바는 우리 모두가 "악한 문명인"보다는 "착한 야
만인"이 낫다는 루소의 주장을 마음속 깊이 아로새겨 오늘의 문명
사회가 추구하는 가치체계를 절대적인 것으로 받아들여서는 안 된
다는 사실이다.

그렇다면 '착한 문명인'으로 사는 것은 불가능한 것일까? 다음 사
항을 유념하는 경우 자연과 새로운 관계를 구축하면서 모든 이는 선
한 문명의 대표자인 프란체스코적 삶에 크게 근접할 수 있을 것이
다.

물질적 자연이 우리의 산업화에 의해 우리의 이익으로 이용되기 전
에, 어떤 의미에서 그것은 사랑에 의해 길들여지기를 요청한다. 다시
말해 이것은 사물들을 사랑하고 사물들과 함께 존재하면서 그들의 수

---

8 A. J. Toynbee, "Domingos de ABC", 1972년 12월 19일, pp.10-11.

준에 인간적인 것을 낮추는 대신, 사물들을 인간적인 영역으로 끌어들이는 것을 의미한다.[9]

이제 우리에게 절대적으로 요청되는 것은 인공적인 것과 자연적인 것과의 조화를 추구하여 창조의 목적인 완성을 향해 나아가야 한다. 그래야만 인간은 자신의 동반자인 자연과 하나가 될 수 있고 새로운 지평에서 이른바 자연과 어우러지는 삶을 살아갈 수 있을 것이다.

---

9 J. Maritain, *Humanismo integral*, c. Lohlé, B.A., 1966, p.14.

제 12 장
희생 제물[1]

    몇 년 전 남아시아에서 발생한 쓰나미로 수많은 인명이 떼죽음을 당했다. 하늘도 무심하지…. 해변은 초토화되고 주변 세상은 난장판이 되었다. 찢기고 퉁퉁 불어 터져 나뒹구는 주검들 앞에서 우리는 인간의 존엄성은커녕 하느님 모상의 흔적조차 발견할 수 없었다.

    무참히 쓰러져간 인생들 앞에서 세계인들은 한목소리로 하느님을 원망하는 듯하더니, 급기야 그 존재의 유무(有無)를 따져 묻는 쪽으로까지 번지며 모두들 신경을 곤두세웠다.

    "신은 죽었다." 어디서 많이 들어본 소리다. 헤겔과 하이네(Heine)가 신을 인간으로 변형시키고 그 뒤를 따라 니체가 사신철

---

1 이 글은 『공동선』, 2005년 3월호와 4월호에 게재된 바 있다.

학(死神哲學)을 극적으로 연출하여 세상이라는 무대에 막을 올렸을 때 수많은 관객들은 박수를 쳐대며 좋아라 했다. 그들의 회색빛 이론이 실천적 무신사상으로 확산된 지금, 사람들은 초인(超人)이라는 청사진을 내걸고 더 이상 신은 존재하지 않는다고 외치고 있다.

실제로 어떤 면에서 신은 존재하지 않는다. 적어도 인간 중심적 사고방식에 물들어 그 영역만을 구축하며 세계에 내재하던 신을 온통 저승으로 추방하고 사는 자들에게 신 존재는 육지에서 저 멀리 밀려난 바다처럼 요원할 뿐이라는 의미에서 그러하다.

과연 신은 존재하지 않는 것일까? 예기치 못한 불운이 겹치고 운세에도 없는 허망한 일들이 '아닌 밤중의 홍두깨' 식으로 계속해서 얄팍한 인간의 심사를 뒤흔들어 놓는다면, 안 그래도 고뇌로 흥건히 적셔진 생의 돗자리를 펼쳐놓고 행운의 신만을 손꼽아 기다리는 이들에게 신은 그저 담 넘어간 구렁이 신세로밖에 달리 생각될 수 없을 것이다.

죽은 자는 말이 없다. 주검은 어디까지나 이 세상으로부터 필멸(必滅)이기에 더 이상 이 세계를 함유할 수 없는 까닭이다. 그런데도 『공동선』 편집자는 아직 죽어보지도 못한 필자에게 16만 쓰나미 희생자를 생각하며 무언가를 써보라는 답답한 글짓기를 주문했다. 묘한 제목이어서 그 앞에서 어쩔 줄 몰라 한참을 망설였다. 그러다 '신'이라는 명사에 용기를 얻어 나름대로 답하기로 맘먹었다. 죽어봐야 비로소 죽음의 참 의미를 알겠거니와 그래도 삶은 이항대립적(二項對立的)이기는 하나 어차피 죽음까지도 포함한다는 사실 앞에서 사건에 대한 느낌을 몇 자 전달하기로 했다.

무엇보다도 먼저 이번 사건의 희생자들에게 깊은 애도를 표하며 그들 영혼이 하느님의 크신 자비로 영생의 땅에 안착하기를 기원한다. 더불어 이번 사건의 많은 희생자들 앞에서 엉뚱하게 고개를 쳐드는, 즉 '무능한 하느님'이라는 소견에 동력을 달고 기운을 뻗치려는 듯한 몹쓸 무신사상들에도 우려를 표하는 바다.

흔히 사람들은 참기 어려운 일을 당했을 때 무턱대고 하느님을 원망하며 그 탓을 '그분'께 돌린다. 이것은 인간이 지닌 가장 무책임한 지략(智略)이며 편협한 사고와 비이성적 소신에서 생겨나는 의지 행위다. 인간은 지혜인(homo sapiens)으로 다양한 앎을 가진 것도 사실이지만 그중에서도 가장 약삭빠른 지혜가 있다면 하느님을 제멋대로 사유하고 마음 편한 대로 판단하는 것이다. 이것은 이성의 절대화를 부르짖는 계몽주의자들이나 하느님을 걷어찬 무신론자들에게는 마치 특권처럼 여겨질 수 있을지도 모른다. 신앙인에게는 그럴 수 없다.

특히 죽음과 관련된 인간 이해는 하급 이성(下級理性, ratio inferior)과 거기서 연유된 학문의 전 체계를 넘어서 피안을 살피는 형이상학과 신앙의 고유 몫으로 남아 있다. 한 개인의 죽음조차도 감당키 어려운 일일진대 어떻게 수많은 죽음의 의미를 감히 인간 이성의 눈으로 살필 수 있단 말인가? 내 나라, 내 형제에게 일어난 일도 아니고 피부에 와 닿지도 않는 저 머나먼 나라에서 일어났다고 해서 하는 소리가 아니다. 몇 분 전까지만 해도 생생히 살아 있던 인간 종(種)들이 일순간 죽음으로 변했다는 사실은 부정적 의미의 경탄만을 자아내게 할 뿐 인간 이해의 폭으로 담아낼 수는 없는 일이다. 이렇듯 죽음을 완전히 이해할 수 없는 것처럼 죽음을 헛되이 하지 않는 것도 하느님을 올바로 알아가는 도리임을 망각해서는 안 된다. 왜냐하면 우리도 이러저러한 형태의 죽음을 비켜갈 수 없는 존재일 테니 말이다.

하느님은 때때로 모질다고 여겨질 만큼 인간이 이해 못할 희생제물을 요구하신다. 그토록 신뢰하던 아브라함한테도 그랬고 당신의 아드님이신 예수 그리스도에게도 그랬다. 이사악이 제물로 쓰일 뻔한 것도 그가 무슨 특별한 잘못이 있어서가 아니었다. 더구나 그리스도는 하느님 사랑이 무엇인지를 알려주기 위해 무죄하면서도 죄많은 인간들을 위해 목숨을 바쳤다.[2] 희생제물은 짐승조차도 순수하고 흠이 없는 것이어야 했듯이 하느님은 지금도 인간이 거룩한 산제물로 바쳐지기를 원하신다.[3] 이번 쓰나미로 몰살당한 사람들도 잘 먹고 잘 살던 사람들이 아니었다. 그들 대부분은 하루 벌어 하루를 연명하던 자연의 때 묻지 않은 사람들이었다. 하느님은 무슨 연유에서였는지는 몰라도 이 현대판 세계에서 그런 사람들을 저 원시세계에서나 있을 법한 희생제물로 삼으셨던 것이다.

쓰나미는 바다가 있는 곳이라면 어디서나 발생 가능하다. 오대양 육대주 그 어느 곳도 바다로부터 자유로울 수는 없다. 언제든 직·간접적인 피해 지역이 될 수 있다는 말이다. 그렇지만 그 피해는 얼마든지 지구인들의 상호연대성과 협력을 통해 최소화할 수 있다. 이번

---

2 1요한 3:16 참조.
3 로마 12:1 참조.

사건도 얼마든지 피해를 줄일 수 있었음에도 불구하고 원시적인 눈길로만 내다보며 허술한 대비책으로 일관한 데서 문제는 더 커졌다. 선진국과 후진국, 그간 이들 양자 간에 쌓인 오차가 불연속성의 장애물로 우뚝 버티고 있던 탓에 사건은 언제든 발생 가능한 것으로 예측된 인과성(因果性)의 인재였던 것이다.

그렇다면 이번 재앙을 무조건 하느님 탓으로 돌리기 전에 우리 스스로 자초한 행위임을 인정하고 자성할 일이다. 지금 강대국들은 최첨단 장비로 하늘과 바닷속을 훤히 꿰뚫고 있다. 이번 사태 때 쓰나미로 피해를 본 사람들이 해당 국가로부터 적시에 정보를 제공받을 수 있었다면 그토록 큰 화는 입지 않을 수도 있었다. 또 무엇보다도 미국이나 유럽 같은 첨단 과학기술을 소지한 나라들이 국가 간의 장벽을 허물고 보편적 인류애를 실천하겠다는 의지로 사전에 재앙의 경고라도 보냈더라면 어느 정도 참사를 면할 수 있었으리라. 저간에 힘들게 이룩한 과학문명을 인간들은 얼마나 많은 경우 생명의 문화가 아닌, 폭력과 전쟁으로 일관된 죽음의 문화에 쏟아부어 왔는지 모른다. 그래서는 안 된다. 덩치 큰 아이가 작은 아이를 보호해 주듯 잘사는 나라가 못사는 나라에 기술을 보급, 분배하고 보호하여 번영토록 배려해 주어야 함은 이번 재앙이 그 부정적 형식을 통해 잘 가르쳐주고 있다.

어디 그뿐인가! 인간이 문화적인 삶을 핑계로 자연훼손과 생태계 파괴를 가속화해 온 이상, 이것이 사건의 직·간접적인 원인으로 작용했음도 부정할 수 없는 일이다. 꼭 그런 것은 아니지만 가난한 나라 사람들은 그렇게까지 자연을 파괴하지는 않는다. 그렇지만 잘사는 나라들은 몇 십 년, 몇 백 년 후까지 내다보며 자연은 안중에도 없이 그저 인위적 삶을 챙기기에 바쁘다.

이번 사건을 두고 '인류의 재앙'이니 '하느님의 징벌'이니 '심판'이라고들 하는 데 대해 오히려 필자는 고소를 금치 못한다. 물론 표면적으로는 부지기수의 많은 이들이 죽었으니 그렇게 말할 수도 있겠지만 그것은 어디까지나 사태의 진상을 정확히 파악하지 못한 데서 나온 소리다. 그렇다고 힌두교나 이단이 창궐하고 불신자들이 널린 지역이라서 하느님이 벼르고 별러 마침내 가혹한 심판을 내린 것도 아니다. 그것은 인간이 음양으로 자초한 무책임한 행위에 대해 자연이 더 이상 참을 수 없다는, 급기야 자연의 인내심이 바닥났다는 표지다. 동시에 이에 대한 인간의 불성실한 응답이 가져온 필연적 결과인 것이다.

우리가 희생자들을 생각하고 그들 주변의 피해자들을 위하는 일은 성금이나 물품을 통해 도와주는 것만이 전부가 아니다. 먼저 하느님의 뜻을 똑바로 인식하고 이런 사건이 재발되지 않도록 시급히 대책을 마련하는 일이 중요하다. 이번 쓰나미에서 우리가 제대로 된 교훈을 얻지 못한다면 제2, 제3의 쓰나미는 얼마든지 계속 발생할 수 있다. 교훈과 체벌은 항시 같이 따라다닌다고 하지 않는가? 따라서 징벌이라 생각하면 희생제물이 된 죽음을 헛되지 않게, 교훈이라면 희생의 의미를 올바로 인식해야 하는 것이다. 그렇게 하기 위해서라도 우리는 그들의 죽음을 값진 희생물로 여길 것이다. 실로암 탑이 무너져 그 밑에 깔려 죽은 사람들이 결코 죄가 많아서가 아니었음을 되뇌면서 말이다. 희생제물은 우리가 원해서 드리는 것이 아니고 하느님께서 원하시는 품목이다. 그런 것을 두고 어떻게 인간의 입으로 감히 하느님의 심판을 들먹일 수가 있단 말인가.

이제는 행동할 차례다. 사랑과 나눔의 정신으로 그들 편에 서서 값진 희생의 텃밭을 가꾸는 데 동참할 일이다. 말로만 "무고한 죽음이다", "불쌍하다"고 외칠 것이 아니라 첨단 기술이면 기술, 물자면 물자를 통해 힘닿는 대로 도와주어야 한다.

하느님은 우리를 늘 시험에 들게 하신다. 그렇지만 우리는 하느님을 심판할 수도, 시험에 들게 할 수도 없다. 시험과 유혹을 당할 때마다 우리가 지혜롭게 극복하면 하느님은 30배, 60배, 아니 그 이상의 은총을 인간에게 내리신다. 이번 쓰나미 사건도 우리가 나눔과 사랑을 통해 은총을 받을 수 있는 기회로 삼을 것인지, 아니면 그분의 뜻을 오판하면서 또 다른 시험에 들고 말 것인지 뭇 인생들의 결단을 촉구하고 있다.

자중함 없이 하늘만을 원망하고 삿대질하며 빗나간 지식의 틀로 신 존재의 유무를 따져 묻는 인간들의 천박한 태도에 하느님이 응답하실 것이라곤 아무것도 없다. 신은 인간적인 감정과 거기서 비롯되는 예상치나 기대감을 벗어나 있는 존재다. 분노와 격정에서 비롯된 사고는 니체의 디오니소스적 세계가 재생했음을 알리며 신 앞에 시커먼 그림자만을 드려놓을 뿐이다. 참된 신은 날뛰는 인간의 감정이나 무마하기 위해 개입하는 변화무쌍한 존재일 수는 없다. 그런 신은 이방인의 신이거나 잡신에 불과하다.

인간 사고의 최고 가는 부분들, 즉 상급 이성을 최대로 작동할 때만 하느님은 인간 이성과 세계에 자신의 존재를 드러내신다. 그리고 그 신성한 빛으로 조명된 이성만이 원창조주(procreator)가 본래 "보시니 좋더라"라는 세계를 대면하는 기회를 얻게 된다. 신을 몰아내고 온통 자신만으로 채워진 쭉정이 같은 인간의 사고, 그런 인간 중심의 대륙에만 의지한 채 한시름 놓고 느긋이 배를 깔고 히히거리고 있을 때, 바다처럼 저 멀리 떨어져 있는 하느님은 언제 또다시 생각지도 못한 시간에 온갖 풍파를 일으키며 무시무시한 쓰나미를 몰고 오실지 모를 일이다.

제6부

특수 사목 논단

제 13 장
가톨릭 학교의 교육과 지도자론[1]

교황 요한 23세는 1962년에 제2차 바티칸 공의회를 개최했다. 그 후 3년에 걸쳐 지속된 이 공의회가 1965년에 폐회되면서 가톨릭 교회는 16개의 문서를 교령화하는 치적을 남기기도 했다. 그중 하나가 공의회 문헌에 나타난 「그리스도인 교육에 관한 선언」이다. 교회는 이 선언문에서 가톨릭 학교의 특성을 강조하면서 그것을 현대의 시대적 상황과 결부시키는 가운데 교육 개념에서부터 그리스도인 교육, 교육 책임자, 그리스도인 교육의 다양한 방법과 가톨릭 학교의 정체성에 이르기까지 상세하게 그 주된 내용들을 명기한 바 있다.

---

1 이 글은 2008년 인천대건고등학교 교사연수회에서 행한 강의 내용을 요약한 것이다.

우리가 몸담고 있는 인천대건고등학교도 금세기에 뜻하지 않게 불어닥친 공교육의 위기를 슬기롭게 극복하고 본래의 교육적 사명에 충실하고자 교령에 나타난 가르침에 입각하여 이룩해야 할 목표와 설립 이념을 재확인하고자 한다. 그렇게 함으로써 이 시대가 필요로 하는 교육의 참 모델로서의 교사상도 새롭게 정립할 수 있으리라고 본다.

교령은 일반 학교와는 달리 가톨릭 학교가 수행해야 할 사명이, 예수 그리스도의 복음을 토대로 학생들이 참된 인격체로서 성장 발전하도록 도움을 주고 세계문화를 구원의 역사로 탈바꿈시키는 데 있음을 다음과 같이 강조하고 있다.

> 가톨릭 학교의 고유한 사명은 자유와 사랑의 복음정신으로 활력에 넘치는 학교 공동체의 분위기를 조성하고 청소년들이 자기 인격의 계발과 함께 세례를 통하여 새로 난 사람으로서 자라나도록 도와주며, 또 학생들이 점차 습득하여 가는 세계와 인생과 인간에 대한 지식을 신앙으로 비추어주도록 모든 인간 문화를 궁극적으로 구원의 소식과 결부시키는 것이다.[2]

이는 엄청난 파문에 시달리고 있는 오늘날 교육계의 실상을 가톨릭계 학교들이 먼저 나서서 대책을 마련, 본래의 교육 이념에 충실

---

2 「그리스도인 교육에 관한 선언」, 8.

하라는 독려와도 같아 시사하는 바 매우 크다 하겠다.

1. 교육의 실상

2007학년도 인천대건고등학교에서 실시된 교원연수 제1일차 특강에서 박모 교사는 "학교에서 실시되는 각종 평가에 대한 고찰"이라는 제목 하에 학생이 작성한 설문지 하나를 소개하였다. 이를 발췌, 인용하면 그 내용은 다음과 같다.

> 이런 말 하고 싶지 않지만, 개선의 여지가 안 보인다. 아무리 공정하다 해도 학생을 툭하면 때리는 몇몇 교사분들을 용납하기 어렵다. 강제에 가까운 자율학습과 보충학습, 지나친 두발 규제는 어쩔 수 없다 하더라도 최소한 변하려는 노력이라도 하셔야 되지 않겠는가. 너무 권위적이고 학생들을 이해해 주시지 않는 분들이 많다. … 이건 절규에 가깝다. 그나마 이런 말이라도 하지 않으면 내가 더욱 비참해지는 것 같기에… 혐오스럽다. 그리고 시험 문제 좀 똑바로 내셨으면 한다. …[3]

개인적으로 이 내용을 접했을 때 필자는 예기치 못한 충격을 받았다. 이런 일이 학교에서, 그것도 가톨릭 계열인 우리 학교에서 일어나다니… 기가 막혔다. 근본적인 변화를 호소하는 학생의 절규는 듣

---

3 2006년 7월 11일 작성한 인천대건고등학교 2학년 학생의 설문지.

기조차 민망스러웠다. 가르침에 종사하는 우리 각자가 매번 원점으로 돌아서서 교육자로서의 사명을 다했다면 감히 이런 류의 하소연 아닌 외침을 들었을리 만무하다. 이는 한 학생에 그친 불만이 아니라 이 시대 중등학생 모두가 통탄하다시피 교육자들을 향해 쏟아내는 절규가 아닐까 싶다. 가톨릭 학교가 이 정도라면 다른 학교는 어떻겠는가? 우리는 이런 일을 눈앞에 두고 끊임없는 자기성찰과 개과천선에 앞장서야만 한다.

학교의 1층 로비에 들어서면 눈에 딱 띄는 글귀 하나가 있다. "자나 깨나 학생 생각"— 이 표어를 볼 때마다 학교에 몸을 담고 있는 사람이라면 누구나 자기중심적인 사고의 틀을 깨고 아이들을 위한 새로운 결심을 굳히지 않을 수가 없다.

모든 것은 사랑이 부족해서가 아닐까 한다. 적지 않은 경우 교사나 학생 모두 사랑의 결핍증에 시달리고 있다. 사랑은 지식을 통해 배울 수 있는 성질의 것이 못 된다. 사랑은 지식에 앞서 전제되어야 하는 필수요건이다. 사랑이 뒷받침될 때에만 지식은 제대로 힘을 발휘할 수 있다. 우리는 사랑의 참된 의미와 그 일차성을 중세의 성 아우구스티누스가 남긴 말씀에서 배울 수 있다.

사랑하라. 그러고 나서 원하는 바를 행하라.

인식과 논리 위주의 학문에 편승함으로써 그 정체성이 매우 의문시되는 근자의 교육은 그 서언과도 같은 사랑의 결핍증으로 말미암아 스승과 제자 사이에 엄청난 갈등과 대결 국면을 애초부터 예고하고 있었는지도 모른다. 사랑이 없는 교육이 부정적인 파급효과를 낳는다는 사실은 이미 고대로부터 예견된 바다.

이 시대 역시 이성을 발판으로 중무장한 실증과 실용성이 교육의 혼을 대표하다 보니 상식이나 심오한 직관에 근거한 사랑이나 배움은 더더욱 추상화되어 끝없이 방황하는 아이들만을 재생산하는 꼴이 되었다. 이것은 엄청난 비극이다. 지금 이 순간에도 잘못된 교육은 사라질 줄 모르고 연속해서 강단이라는 무대에 올려져 억지 춘양식의 겉모습만을 진실한 내용처럼 읊조리고 있을 뿐이다.

2. 교육 개념

그리스 사람들은 '교육'을 'paideia'라는 말로 지칭했다. 이 말이 의미하는 바는 인간 양성(formatio)이다.

플라톤은 어린이들에게 덕(德)을 가르치는 교육에 관해 언급하면서 덕이란 아이들 안에서 완전한 시민이 될 수 있도록 사랑과 욕구를 일으키며 정의와 함께 명하고 정의에 순종하는 바를 알게끔 해주는 것이라고 했다. 이것이 다름 아닌 교육인 것이다. 이와는 달리 금전이나 물리적 힘, 지성과 정의가 없는 다른 능력들은 천박한 것으로서 교육이라 불리는 것에 합당치 않다고 여겼다.

이렇게 볼 때 플라톤에 있어서도 교육은 사랑과 정의와 필수불가분한 연관성을 맺고 있었다. 그런데 모든 것의 정상에 놓인 이런 덕을 향한 힘찬 원동력은 그리스도 안에서 발생한 참사랑의 개념인 아가페(agape)와는 전혀 달랐다. 사랑의 참 개념이 제대로 형성되지 못한 당대로서는 인간 덕의 분출을 하부에서 인간 스스로 빚어낸 에로스(eros)가 그 역할을 다한다고 보았을 때, 그것은 덕을 찾아 나선 동양의 현자들의 교육적 태도와 별반 차이 나지 않는 것이었다.

오늘날 교육의 예고편인 소피스트들의 가르침은 제자들에게 논쟁의 기술을 터득하도록 하는 데 크게 기여했다. 그들에게 중요한 것은 긍정할 수 있는 진리의 내용이 아닌 기술적인 설득력이었다. 소피스트들은 아무것도 아닌 문제들을 대단한 가치를 지니고 있는 양 중시하였으며, 진정 중요한 문제에 대해서는 가벼운 것으로 취급하였다. 또 그들은 모든 논쟁과 관련하여서는 거기에 상대적으로 반하는 나름의 명제가 있음을 확신했다. 그래서 그들은 반명제의 수립을 위해 무엇보다도 효과적인 실행 방법을 동원하고자 했다. 그것은 다름 아닌 학자가 하나의 확언과 관련하여서는 진리와 거짓을 동시에 보여줄 수 있어야만 한다는 위험천만한 발상이었다. 이러한 소피스트 운동은 펠로폰네소스 전쟁의 민주주의적인 기후로 인해 승리의 발판을 마련할 수 있었다. 당대는 개인주의가 팽배했기에 이런 일이 가능했겠지만, 그것은 다름 아닌 앎의 위기를 불러일으킨 또 다른 위기의 시대였음을 직시하는 자 그리 많지 않다.

소피스트들에 의하면 철학은 유용한 것이다. 그렇지만 그들이 말하는 철학의 유용성은 공공장소에서 승리를 가져오도록 하기 위해 변증적인 기구를 장치하는 것이었다. 그들은 그리스 세계에 악 표양을 남긴 게 사실이다. 적어도 초기 소피스트들은 돈을 받고 그러한 유용성을 가르침으로 끌어들여 이용했던 것이다. 그들의 태도는 자신들이 가르치는 잘못된 철학적 개념들과 완전히 일치하는 것이었다. 그래서 제자들과 그들의 부모 역시 그런 기술의 습득을 통해 돈을 벌기를 원했고 또 그렇게 하기 위해서는 스승에게 금전을 지불해야만 했다. 이는 진리 앞에서 곡예를 서슴지 않는 오늘의 교육제도와 크게 차이 나지 않는 것이었다.

이와는 달리 참된 앎이란 어떤 것일까?

참된 앎은 일단 철학의 유용성과 합치되어야만 한다. 왜냐하면 진정한 지식은 무엇보다도 철학이 지향하는 종합적인 앎, 통일적인 앎 혹은 이해관계가 없는 무욕적인 앎, 비판적인 앎에서 잘 드러날 수 있기 때문이다. 특히 사고하는 삶을 통해 교육자는 진리를 추구하고 있다는 탐구자의 실상을 제자들에게 그대로 보여주어야만 한다. 생각하고 사유한다는 것은 상상력과 정열과도 같은 감정적인 태도를 멀리하고 개인적인 관심사들에서 이탈할 수 있는 능력을 키우는 것이며, 그렇게 함으로써 배우는 자는 스승의 각별한 보살핌 아래 객관적이고 보편적인 지식에 도달할 수 있다.

소크라테스와 플라톤은 철학의 실용주의적 관점에 철저히 반대하는 철인들이었다. 그렇다고 해서 이들이 철학의 논리적 유용성까지도 거부한 것은 아니었다. 그렇지만 이들에게 철학은 논리적 사고방식을 넘어서는 어떤 것이었다. 즉 철학은 마치 직업을 얻을 양으로 전문적인 지식을 습득하는 것이 아니라 자유로운 인간에게 적합한 문화를 제공해 주기 위함이었다. 실제로 참된 교육이란 플라톤이 자신의 『법률론』에서 분명하게 언급하고 있듯이 앎의 능력을 배양코자 함이 아닌 성격의 통합적인 양성을 위한 것이었다.

그렇다면 이런 관점에서 오늘날 대학입시에서 필요시되는 논술교육을 포함한 모든 교육 역시 분석적, 종합적, 비판적 사고와 함께 이를 넘어서는 나와 남을 위한 문화로서의 배려적 사고(caring thinking) — 폭력 퇴치와 함께 — 가 필히 중시되어야 하는 점은 이 시대의 교육에 긴히 요청되는 요소라 아니 할 수 없다.

3. 학문과 사랑

소크라테스 이후 그리스 철인들은 선인(善人)은 알아 인식하는 자이고 선과 덕은 다름 아닌 학문이라는 것을 되뇌곤 했다. 이와는 달리 아우구스티누스는 선인은 사랑하는 자이고 사랑해야 하는 것을 사랑하는 자라고 말했다. 이렇게 해서 그리스 철인들이 지식을 규정하기 위해 채택한 인간의 덕은 아우구스티누스에게서는 사랑을 위한 것으로 재규정된다. 덕은 "사랑의 질서(ordo amoris)"로 각각의 존재들에 고유한 "존재론적 품위(dignitas ontologica)"에 알맞게 자신과 다른 사람들 그리고 사물들을 사랑함이다.

성 아우구스티누스는 정신을 비추는 진리와 빛에 대한 지식을 사랑이라는 용어로 이해하고 있는데, 그것은 다음과 같이 간명하게 표현된다. "진리를 아는 자는 그 빛을 알고 그 빛을 아는 자는 영원성을 안다. 사랑은 아는 것이다."

한편 선사된 사랑의 행위에 의해 구원이 주어지듯 선사된 사랑의 행위로 생겨난 신앙 안에서 앎을 지향하는 것은 사랑이라는 전망 안에서 인간 및 개별자의 역사와 시민의 역사에 대해 재해석하는 것이어야 한다. 이러한 장중한 문장에 나타난 성인의 메시지는 표징적인 암호 형태로 다음과 같이 요약될 수 있다. "나의 권위는 나의 사랑 안에 있다."

누가 얼마만큼 견실한 인간일 수 있는가 하는 문제는 그가 지니고 있는 사랑의 무게에 의해 평가된다. 이는 마치 그가 행한 사랑에 의해 지상적인 운명과 초지상적인 운명이 결정되는 것과도 같다. 이러한 전망에서 우리는 다음과 같은 아우구스티누스의 결론적인 권고사항을 잘 이해할 수 있을 것이다. "사랑하라, 그리고 원하는 바를 행하라(ama, et fac quod vis)." 그렇다면 분명 지식도 사랑을 전제조건으로 하고 있음을 알 수 있다.

이렇듯 그에게 있어서 사랑은 참으로 도덕적인 삶의 영혼이다. 이 사랑 안에서 인간은 행복을 찾을 수 있다. 인간이 충만한 사랑을 얻기 위해서는 감각 차원에서 탈피하여 원리이고 인간의 목적이며 지복의 원천인 사랑 자체인 신에게 나아가야 한다. 그것은 앎의 주체인 인간 지성과 선의 주체인 의지를 통해 가능하다.

4. 참 지식

11세기의 달콤한 박사 성 베르나르두스(St. Bernardus)는 교육의 종류를 다섯 가지로 나누어 설명했다. 첫째는 호기심으로 인해 지식을 쌓고자 하는 것, 둘째는 다른 사람에게 드러내기 위해 알고자 하는 것, 세 번째는 자신의 지식을 돈벌이에 이용하기 위한 것이다. 이러한 것들은 베르나르두스에 의하면 참된 교육도 지식도 아니다. 이와는 달리 다른 사람을 성화(聖化)시키고 자신의 덕을 구하며 스스로를 교화하고자 지식을 쌓는 경우가 있으니, 이 두 가지야말로 참된 지식에 해당한다고 성인은 보았다.

독일 철학자 막스 셸러는 다양한 사회 형태 안에 탁월성을 지닌 지식이 어떤 것인지를 탐구한 적이 있다. 우리가 살고 있는 이 역사적인 시대에 특권적인 것으로 취급되고 있는 앎은 유용화와 자연의 지배를 위한 과학적, 기술적인 지식이라는 것이다. 이러한 앎은 세계에 대한 실천적 행위와 직결된다. 그렇다고 해서 이런 과학적이고 기술적인 앎이 유일무이한 앎은 아니라고 본다. 셸러에 의하면 거기에는 또 다른 가치 있는 앎이 있다. 그것은 인간을 우주의 구원적 원리와 합치하게끔 하는 지식이다. 이 지식은 종교적인 앎이다. 그리고 또 다른 앎이 하나 더 있다. 그 앎의 목적은 우주와 소우주로서의 인간에 대한 무욕의 앎이다. 이것이 바로 참된 학적 앎이다. 셸러는 다른 어떤 것보다도 이러한 앎이 인간교육에 공헌한다는 의미에서 교육의 앎이라 지칭하였다.

5. 교육의 참된 주체: 교사

제2차 바티칸 공의회는 이러한 사실들을 살아가고 선포하는 데 있어서 주인공과도 같은 교사들에 대해 다음과 같이 격려하며 자신들의 정체성에 충실할 것을 권고한다.

교사들은 자신들이 바로 가톨릭 학교가 그 목적과 계획을 실행할 수 있게 하는 주역임을 명심하여야 한다. 그러므로 교사들은 특별한 관심을 기울여 확증된 일반 지식과 종교 지식으로 적절한 자격을 갖추고, 진보하는 시대의 발견에 알맞은 교육 기술을 충분히 체득하도록 준비하여야 한다.[4]

　문헌은 가톨릭계 학교에 몸담고 있는 교원들이 필히 세례를 받아야 한다고 말하고 있지는 않지만 학교의 설립 목적과 이념에 부합하는 지식과 사고로 무장되어야 함을 강조하고 있다. 인천대건고등학교의 경우 적어도 김대건 사제의 정신과 가르침을 충분히 숙지하고 그분이 모범으로 남긴 덕성들이 글자화된 양심, 실력, 봉사라는 교훈을 통해 학생들에게 전수되도록 힘써야 한다. 그렇게 함으로써 학생들은 올바른 인성교육 내지는 종교교육을 통해 훌륭한 인격체로서의 성숙한 삶을 영위해 나갈 수 있다. 교내 장학 활성화를 통한 교사들의 능력 배양과 맞춤형 수준별 수업 및 수월성 교육 등에 박차를 가하면서 학생들이 만족하는 학습 환경을 만들어주어야 하는 것은 학교교육의 기본방침임을 잊지 말고서 이를 발판으로 가톨릭적 교육의 의미를 가미해야 하는 것이다.

　「그리스도인 교육에 관한 선언」 8항은 한걸음 더 나아가 그리스도인의 증거생활이 어떠한 것인지를 서술하면서 가톨릭 학교 출신의 학생들이 일치의 정신 속에서 그들의 신앙을 어떻게 가꾸어나가야 하는지를 잘 명시하고 있다.

---

4 「그리스도인 교육에 관한 선언」, 8.

교사들은 자신들과 학생들에 대한 사랑으로 서로 결합되고, 사도 정신으로 충만하여 삶과 가르침으로 유일한 스승이신 그리스도께 증거를 보여드려야 한다. 또한 학생 자신들의 개인 활동을 격려하도록 노력하고, 학교 과정을 마친 뒤에도 조언과 우정으로, 그리고 참으로 교회 정신에 가득 찬 특별한 단체들을 만들어 그들을 줄곧 도와주어야 한다.[5]

거룩한 공의회는 이 교사들의 봉사 직무가 진정한 이름의 사도직이고, 현대에 가장 알맞은 필요한 사도직이며, 또한 동시에 사회에 대한 참된 봉사임을 선언한다. 또한 동문들은 가톨릭 학교의 정신으로 무장한 바를 상기하고 일상의 삶에서 서로를 이해하며 동료애를 그리스도 안에서 구현할 것을 가르치고 있다.

6. 현대세계의 진단과 교육의 대비책

1) 문화의 불안

(1) 경제제일주의
지금에 와서 경제가 최우선시되고 있다. 모든 것이 돈과 재화로 대표되는 시대다. 경제지상주의가 전대미문의 막강한 힘을 발휘하

---

5 「그리스도인 교육에 관한 선언」, 8.

고 있는 괴력의 21세기에 돌입한 것이다.

재물은 갈수록 인격들 앞에서 총체적 결단을 가능케 하는 권력처럼 부상하고 있다. 부자는 공장에서 뿐 아니라 국가 안에서조차 생산과정에 더 잘 개입할 수 있는 자이고, 가난한 자는 그러한 곳에 더 이상 발을 붙일 수 없는 별개의 인물로 취급받고 있다. 이런 사회에서 빈자는 가면 갈수록 볼품없는 인격의 소지자로 낙인찍히면서 전적으로 소외될 수밖에 없다. 이런 현상은 이미 소크라테스 시대 소피스트들이 교육의 본래적 의미를 공공연히 왜곡시킨 데서부터 시작되었다 해도 과언이 아니다. 이미 고대에 잘못 자리 잡은 교육이 오늘의 교육의 위기를 초래한 근원적인 악으로 작용하면서 사회의 기현상을 파급하기에 이른 것이다.

인간 사회가 점차 복잡다단해지면서 그 안에 자리한 첨단 기술은 알지 못하는 세계로 우리를 점차 내몬다. 우리가 어디로 가고 있는지도 모르는 세상, 그 앞에 로봇과 같은 제신들은 자연스레 인간들을 굴복시키며 자신을 섬길 것을 강요하고 있다.

세상은 "갈수록 빨라지는 기차에 탄, 그래서 정신이 나간 승객들"처럼 우리를 만들어버린다. 승무원실에는 아무도 없다. 우리는 이 열차가 어느 목적지를 향해 달리는지도 알지 못한다. 열차는 우리를 태우고 새로운 무기 산업, 기계화된 세계, 새로운 약물, 오염과 소음 투성이의 발생지를 향해 계속해서 달릴 것이다. 불행하게도 우리는 발전의 미명을 단 채 내달리고 있는 이 기차를 멈추게 할 수가 없다.

이런 기차 같은 곳에서 내뿜어지고 유출되는 힘 내지 권력은 로마노 구아르디니(R. Guardini)가 말하듯이 인간과는 거의 무관한 것인데, 이는 모든 것이 이른바 '체제'의 내재적 논리에 입각한 자율적 방식으로 진행되고 있는 까닭이다. 이런 곳에서는 인간이 익명적이고 비인격적이며 비인간적인 것으로 화할 수밖에 없다. 그뿐만 아니라 소외되고 나아가서는 악령화되고 만다.

미래가 현재의 결과라면 가증스러운 미래를 접하지 않기 위해서라도 합당한 대책을 마련해야 한다. 그것은 부자, 빈자, 압박자, 피압박자 할 것 없이 모두가 새롭게 마련된 경제적, 노동적, 사회적, 문화적, 심리적, 영신적 생활조건 안에서 희망스러운 삶을 살아가도록 나름의 유효한 방식을 제공해 주는 일이다. 그것은 무엇보다 인간 안에는 하느님의 모상이 아로새겨져 있다는 것과 세계 안에는 하느님의 발자취와 흔적이 살아 숨 쉬고 있다는 사실을 일깨워주는 일이며 자기 자신과 일치를 이루도록 돕는 행위가 그것이다.

특히 아이들에게 인격의 가치를 알려주며 문화인으로 성장할 수 있도록 지역사회와의 연계 속에 다양한 체험 활동을 펼칠 수 있도록 배려해야 한다. 이는 세계를 접하면서 배운 것을 현장에 옮겨 적용할 수 있는, 즉 교육적 가치의 실천적 의미를 온몸으로 체득할 수 있게끔 도와주는 일이다.

이제 교육은 '미래의 인재 양성'이란 구호에 그쳐서는 안 되고 그 틀을 바꿔 '지금 현장에서 필요로 하는 앎에 대한 도전'이란 측면에서 새롭게 설정하여, 무서운 속도로 변화하고 있는 세계의 흐름을 헷갈림이 없이 추적하여 이를 원점에서 바라보고 잘못된 바를 직시하도록 해야 한다. 이렇게 할 때에만 단순한 지식과 기능만을 소유토록 하는 현실의 공교육은 비틀어진 경제지상주의와 발전이라는 온갖 악이 산재된 미지의 출구에 이르지 못하게끔 스스로 제어장치를 마련하는 가운데 새로운 인간 문화를 창출하는 위업을 달성할 수 있게 될 것이다.

(2) 이성지상주의

이는 요즈음의 학계 풍토다. 그러나 유럽 쪽에서는 이미 한물간 용어다. 근대철학 이후 중세를 질식시킨 합리론이 득세했을 때 사람들은 좋아라 난리였다. 결국 프랑스 혁명에 이르러 합리성과 이성은 계몽주의라는 새로운 형태로 무장하고 변신하면서 세상을 온통 인간중심주의로 물들였다. 신이 없는 사람 중심의 세상이 된 것이다.

오늘의 학교 역시 지식 중심의 강단으로 변하고 있다. 지식 자체가 부정적일 수는 없지만 일방적인 지식 중심 사회는 늘 변고를 일으킬 수 있다. 이는 서구사회가 역사를 통해 분명하게 말해 주는 바다. 지식 중심의 교육은 지성과 의지의 소유자인 인간을 앎과 행위라는 통합적인 인격체가 아닌, 전자만을 선호하고 강조하는 이원론적인 세계관에 아이들을 끌어가는 것이다. 잘못된 대학입시 정책은 무엇보다도 인간을 소외시키고 있음을 감지할 필요가 있다. 이러한 비극적 상황을 극복하기 위해서라도 모든 학문은 인간 인격에 주안점을 두고 인성교육에 최선을 다해야 한다. 이것이야말로 이 시대의 반문화(反文化, contro-cultura)인 것이다. 지금껏 이성주의 문명이 쌓아온 인문적, 과학적, 심리적 결실들은 사라져가고 있는 인간 부흥을 위해 재투자되어야 한다. 또한 학문과 기술 자체의 발전만이 아닌 자연적 가치들의 창출을 위해 사고하고, 사고한 바를 교육 수

요자인 학생들에게 올바로 전수해 주어야 한다.

베르그송(H. Bergson)은 기계기술이 정신(영혼)의 성장에 도움이 되지 못하는 도구가 되면서 인간 육체만을 키우게 되었다고 지적했다. 영혼은 육체와 궁합이 맞지 않을 만큼 허약해졌고 더 이상 육체를 담을 수 없는 왜소한 형태로 남아 있게 된 것이다. 신비론(神秘論)과 기계론 사이에는 마찰과 권리 침해적인 요소가 다분히 내포되어 있지만 통합적인 인간을 위한 유익한 협력 역시 그 안에 내재하고 있다. 그래서 그는 "확대된 육체는 영혼의 보충을 기다리며 기계론은 신비론을 필요로 한다"는 의미심장한 말을 남겼다.

하이데거의 말처럼 "우리가 살고 있는 이 시대는 제신(諸神)들에 대해서는 너무나 성숙하고 참된 신에 대해서는 너무나 미숙하다"는 질책을 더 이상 들어서는 안 된다. 새로운 문화를 창조하는 일은 수입, 적대주의, 권력, 물질주의가 존재와 공유, 친교와 삶의 자극으로 대체될 때에만 가능하다. 우리 사회의 상업적 특성이 창조적, 축제적 특성으로 대체될 때가 바로 그런 경우다.

현재 문화와 충돌하고 있는 인간 사고에 새로운 공간을 마련하는 일은 한시가 급하다. 학생들이 학교를 파하고 집으로 향하는 순간부터 세상은 온통 비교육적 추태로 그 꼴을 내보이며 아이들을 유인하고 있다. PC방, 오락실, 노래방 등 주변에 산적한 반교육적인 공간에서 흘러나오는 온갖 퇴폐적인 요소들은 제아무리 학교가 정상화된들 대적하기 힘든 실재들이다. 교육문화와 세계문화가 따로 놀고 있는 것이다. 이런 잘못된 이중적 현상을 극복해 내는 일은 과기부와 문공부의 일대일 통합이나 책임 있는 해당 부서들의 입맞춤으로 가능하지만은 않다. 모든 이가 위기의식을 지니고 발 벗고 나서야 한다. 즉 지혜를 모아 문제들이 무엇인지를 먼저 제대로 알아야만 한다. 그리고 중지를 모아 그 해결책을 찾아야만 한다. 그렇지 않으면 아이들은 이중성을 지닌 잘못된 인격체로 자라나 참된 앎, 삶에 대해 변죽만 울리다 미성숙한 존재로 생의 밑바닥에 자리할지도 모른다. 이것이야말로 참으로 불행한 일이기에 결코 용납해서는 안 된다.

교육계가 먼저 앞장서야 한다. 학교에서 가르치는 학습만으로는 부족하다. 현실을 타개할 수 있는 능력을 아이들에게 가르쳐주어야 하고 가정과의 교류를 통해 학부모들부터 먼저 각성하도록 이끌어주어야 한다. 교육만이 학생과 교사, 학부모와의 관계를 제대로 작동하게끔 이끌어주는 유일한 주체임을 상기할 일이다. 이러한 삼각 관계가 제대로 정립될 때에만 세상은 바뀔 수 있다. 이런 확신이 그 어느 때보다도 요청되는 지금이다. 이에 충실할 때만 세상은 살 만한 사회로 바뀌고, 학교는 누구나 가고 싶어 하는 배움의 장으로 그 모습을 일신할 것이다.

2) 희망(Spes)

희망은 근자에 와서 가장 중요한 주제 중의 하나로 떠올랐다.

희망은 아직 소유하지 못한 것에 대한 '밝힘'이다. 그것은 무언가를 향해 확산되는 능력이기도 하다. 정의하기는 힘든, 그러면서도 마음속에서만큼은 확실하게 진한 것으로 아로새겨지는 희망에 대해 그래도 무엇인가를 논한다는 것은 분명 난해하면서도 한편으로는 즐거운 일이기도 하다.

희망은 인간 마음속 깊은 곳에 뿌리를 둔 신비스러운 영약(靈藥)이다. 마르셀(G. Marcel)은 이를 두고 "희망은 우리 영혼을 깁는 재료"라 했다.

그렇지만 이성과 과학적 사고가 만사를 대표하는 세상이다 보니 인간은 희망과 관련된 거대한 변절을 맛보지 않을 수 없게 되었다. 지금에 이르러서 많은 사상가와 과학자들에게서는 과거의 위인들이 그토록 희구하던 희망적인 요소가 전혀 보이지 않고 있다. 그들에게는 초월계도 없고 신도 없다. 존재하는 것이 있다면 오로지 "명철하게 사유하는 것이고 세상의 것에 국한된 것이며 나아가서는 희망하지 않는 것"이라고까지 말한다. 오죽하면 현대철학을 두고 사유 없는 철학이라 하지 않던가?

자만하기만 하던 이성은 형식화된 이성으로 변하고 도구적 이성 내지 패배된 이성으로 변질되었다. 특히 분석적 이성은 희망이 전무한 이성이란 특성을 지니기에 이르렀다. 이는 마게르자(J. Maguerza)가 쓴 작품의 의미심장한 책 제목으로 사용되기도 했다.

그렇지만 란즈베르크가 말한 "우리는 희망이다"라는 말을 새롭게 음미할 필요가 있다. 희망이 전무한 곳에서는 인간이 처참히 무화(無化)될 뿐이다. 희망은 인간 실존이 반사되면서 실현되는 계획이다. 이에 대해 알론소(M. Alonso)는 "인간의 미래는 결코 다가오는 것이 아니라 희망으로 움직여 계획되는 것이다"라고 했다.

인간은 변화와 자기실현이라는 동력과도 같은 희망을 필요로 한다. 이런 희망은 우리가 지금까지 알고 있던 세계와는 또 다른 세계로 우리를 인도해 준다. 그렇게 되면 우리는 이미 체험했던 것들보다도 더 나은 인간과 사회의 유토피아를 향해 더 가까이 다가서게 될 것이다.

삶에 대한 크리스천의 견해는 본질적으로 종말론적(終末論的, escathological)인 것으로 요약되는데, 이는 라너(K. Rahner)가 말하고 있듯이 "인간의 절대미래(Futura absoluta humana)"인 하느님 안에 그 기반을 두고 있다. 특히 나그네 인간(homo viator)이 탐구와 기도와 같은 필수적인 요소를 통해서가 아니라면 이 세상에서는 근본적인 모형이 되는 희망적인 진리를 결코 찾아 얻을 수가 없다. 사변(speculatio)과 기도(oratio), 말(vox)과 침묵(silentio), 일(opera)과 관조(contemplatio)는 존재의 필수품으로 나그네 인간의 모호한 실존을 보충해 주는 표현들이며, 이는 인간 깊숙한 곳에서 밀접한 상호관계를 맺으면서 영혼을 깁고 있는 것이다.

요즘 학생들에게서는 희망이라는 개념조차 찾아보기가 힘들다. 공부에 찌든 삶이라 그런지는 몰라도 꿈과 이상을 말해 본들 멍하니 강 건너 불구경하는 식이다. 인생이 무엇이고 사람이 어떤 존재인지를 제대로 알지 못하기에 언어와 행위는 폭력적이고 즉흥적이며 주관적이다. 모든 것을 자기 멋대로 해석해 버리고 마는 사고방식은 위험수위에까지 이르러 참으로 걱정거리가 아닐 수 없다. 정의와 원칙, 지켜야 할 최소한의 규칙과 규율 앞에서도 나 몰라라 하는 식의 거칠고 반항적인 태도는 수그러들 줄 모른 채 가면 갈수록 더할 뿐이다. 이런 아이들은 원하는 일이 제대로 되지 않으면 거기서 생겨나는 불안지수와 절망지수가 높아 자칫 자해로 스스로를 해치거나 자살 행위로 고귀한 목숨을 끊어버리기도 한다.

아이들은 그 어느 때보다도 지금 참된 신앙교육을 필요로 하고 있다. 신앙교육은 어떤 가정교육보다도 우월하며 뛰어난 것이다. 왜냐하면 신앙으로 인도된 자는 인성과 심성, 덕성이 잘 조합된 인격체로 거듭나 이 사회가 필요로 하는 훌륭한 일꾼으로 성장할 수 있기 때문이다.

신앙이 말해 주는 참된 영성교육은 가정교육이나 현장의 학교교육이 그토록 부르짖으며 필요로 하는 그 어떤 인성교육보다도 상위적이다. 그 안에는 평범한 사람의 눈으로는 결코 알아챌 수 없는 거대한 희망이 자리 잡고 있기 때문이다. 이런 아이들의 마음속에서야말로 원대한 꿈과 이상은 새롭게 정착될 수 있고, 그런 이상들은 아무 탈 없이 희망의 나래를 훨훨 펼치는 가운데 목적한 바를 그대로 실현하게 된다.

7. 결어: 학교의 교훈 실현

인천대건고등학교의 교훈은 양심(conscientia), 실력(abilitas), 봉사(servitudo)다. 이 모토는 인천 지역의 유일한 가톨릭계 남자 사립고인 대건고의 건학 이념을 근본에서부터 되살리도록 뒷받침해 주는 초석과도 같은 의미를 지니고 있다. 그런데 과연 이 구호가 그런 역할을 하고 있는지 자문해 볼 필요가 있다.

양심이란 '의식'이라는 지적인 의미가 담긴 철학적 용어를 윤리-

228

도덕적으로 표현한 것이다. 이 의식은 인간 심성에 자리한 하느님에 대한 인식이다. 이것이 우리 학교의 첫째가는 교훈이다. 우리 학교의 정신적 지주로 섬김을 받는 성 김대건 안드레아 신부(1821-1846)는 이러한 앎에 잠겨 짧은 생애를 살다가 160여 년 전, 스물여섯이란 나이에 새남터에서 장렬하게 순교하였다.

김대건 사제는 뛰어난 학자였을 뿐 아니라 무엇보다도 하느님에 대한 지혜가 충만한 분이었다. 6개 언어를 구사할 줄 안 실력파 성인이었고 세계지도를 만들어 주변 사람들을 경탄케 한 글로벌한 인재였으며 주옥같은 편지로 사람들을 교화시킨 하느님의 사람이었다. 성인은 칼 포퍼의 말대로라면 지상권력(auctoritas terrestris)의 잘못된 실체를 고발하여 바로잡으려 한 도인이었고 그리스도교 문화를 만천하에 힘차게 선포한 뛰어난 목자였다. 그의 출중한 사고력과 지성은 만인으로 하여금 감탄사를 연발케 했으며 주변의 핍박자들조차 그의 재주를 높이 치하하며 순교로 아쉽게 생을 마감하는 모습에 안타까움을 금치 못했다고 전해진다. 그의 지식과 지혜는 세상 사람들이 생각하는 것처럼 자신의 명예를 위해서가 아니라 오직 하느님을 향한 사랑과 찬미를 위한 것이었다. 그는 참 지식이란 것이 자신을 거룩하게 하고 타인들을 교화시키기 위해 하느님이 내려준 선물임을 깊이 깨닫고 있었다.

이런 성인의 지식을 실력이라는 교훈으로 삼은 인천대건고는 지식을 넘어선 참 지혜를 탐구하는 데 주력하고 이에 기초하여 학생들을 교육하고 지도하는 데에 만전을 기할 것이다.

봉사의 정신 역시 인간만이 해낼 수 있는 아름다운 미덕이다. 많은 이들이 봉사하기보다는 봉사받기를 원한다. 권력과 재력, 명예를 앞세워 다른 사람들 위에 군림하는 것을 최고의 가치로 여기는 이 몹쓸 세대에 그 어느 때보다도 요청되는 것이 봉사의 덕목이 아닐까 생각한다.

글로벌이라는 어려운 말들을 거침없이 써가며 세계의 모든 이들을 경쟁사회로 몰아붙이는 현금의 세계에서 타자와의 친교를 가능케 하는 봉사정신은 아쉽게도 시간이 가면 갈수록 허무맹랑한 실체로 변질되고 있다. 한마디로 자아와 타아의 변증법적 관계는 전보다 더 긴장 상태를 이루고 있는 것이다. 나만이 중심이 된 사회, 상대를 무시하고 대화의 상대로 여기지 않는 세대, 이런 와중에 대건인들만큼은 생각을 그 근본에서부터 바꾸어야 한다. 학교의 모든 구성원들이 사랑의 정신을 가르쳐준 가톨릭 교회의 정신에 따라 설립된 학교의 정체성을 살리기 위해서라도 다른 사람을 섬기는 자세, 함께 아픔을 나누며 봉사에 투신할 줄 아는 참 교직원, 학생들로 거듭났으면 한다. 이것이 대건고가 충실히 행해야 할 본분이며 학교가 존립할 수 있는 기반인 것이다. 이와는 달리 이런 결심을 굳히지 않고 자신만을 생각하며 제멋대로 사고하고 계파를 이루어 공동체의 일치를 와해시키려 한다면, 대건의 모습은 본래의 설립 목표와 이념에서 이탈하여 그 정체성을 상실한 채 사람들의 기대에서 점차 멀어질 수밖에 없을 것이다.

대건인들, 특히 교직원들은 현대세계의 위기를 다시금 직시하고 그 위기의 물살이 학교에까지 이르렀음을 감지할 필요가 있다. 그리고 그 위기의 타개책으로 김대건 사제의 정신과 가르침을 익히고 본

받아, 그 터득한 바를 학교교육에 벤치마킹해야 한다. 이것이야말로 대건의 학생들과 학부모 및 지역사회 앞에서 대건의 위용을 가감 없이 드러내는 일이 아니고 무엇이겠는가? 이런 정신에 물들어 가르침의 선봉에 선 자야말로 이 시대가 필요로 하는 최고의 스승이 됨 직하다. 이것이 곧 다름 아닌 가톨릭 교회가 요하는 진정한 가르침의 정신이요, 교회가 정성을 다해 건립한 인천대건고가 늘 잊지 말고 정립해 나가야만 하는 최고 가는 덕목로서의 학교상(像)이다. 이런 일에 솔선수범하며 책임 있는 자세로 임해야 하는 자는 누구보다도 이 학교에 몸담고 사는 리더들인 우리 교직원들인 것이다.

제 14 장
가톨릭 사회복지의 영성

사회복지는 사회 안에서 소외된 자들, 예컨대 가난한 자, 노약자, 신체적·정신적 질환자, 문화·문명 및 교육의 혜택을 받지 못한 자, 여러 가지 고통과 어려움에 시달리고 있는 자들을 특별히 돌보고 구제함으로써 그들이 더 인간답고 향상된 생활을 누리도록 하는 데에 그 의미를 두고 있다. 사회복지학에서는 사회복지를 "사회문제를 예방하고 완화시키거나 문제 해결에 기여하고자 하는 공공기관과 민간기관의 조직적인 활동"이라고 정의한다. 이러한 사회복지는 예상되는 빈자들의 어려움을 사전에 미리 예방하는 것에서부터 현실 안에 방치된 가난과 질병 및 고통들을 쳐부수는 것에 이르기까지 다양하게 일조하는 행위다.

가톨릭 사회복지라고 할 때는 그 출발점이나 동기, 실천 방법에 있어서 일반적인 사회복지와는 그 의미를 다소 달리한다. 왜냐하면 가톨릭 사회복지는 복음정신에 입각하여 복지체계를 그리스도교 신앙 안에서 기획하고 실현함을 뜻하기 때문이다. 가톨릭 사회복지는 신앙적, 교회적, 복음적 관점이라는 정체성을 띠고 있기에 일반 사회복지와 외견상으로는 비록 동일한 형태를 지니고 있을지라도 내면적으로는 그리스도교 영성과 불가분의 관계를 맺고 있는 특수한 사회사목이라 할 수 있다.

한편 영성이란 넓은 의미로 인간의 삶, 사고, 행동을 유발하고 조절하는 내면적 원리로 구체화된 종교적, 윤리적, 도덕적 가치를 총칭해서 일컫는 말이다. 이는 인간의 종교 및 윤리, 도덕 생활에 근본적으로 영향을 미치는 절대자와의 내적인 관계 내지 윤리-도덕적 원리를 의미한다.

더구나 가톨릭 영성이라 함은 크리스천 삶을 추구하고 심화시키는 초자연적 내면성 또는 크리스천 신앙생활을 내적으로 활성화하는 하느님과의 관계를 뜻한다. 이는 은총을 통해 하느님과 일치하고 구원에 이르기 위해 필요시되는 모든 요건들, 예컨대 기도와 성덕을 충족시키는 것이다.

따라서 가톨릭 사회복지의 영성이라 함은 이러한 정신에 입각하여 소외된 자들의 삶을 본래적인 삶으로 이끌어 들이는 가운데 천상 구원의 지복직관적인 삶을 구현할 수 있도록 현실적인 삶의 어려움을 최소화하고 필요한 도움을 원초적으로 제공하는 비가시적 행위라 할 수 있다.

1. 가톨릭 영성의 출발점

그리스도교 영성의 출발점이며 핵심적 요소는 하느님에 대한 사랑과 이웃 사랑이다. 근인애(近人愛) 혹은 애타(愛他)의 실천적, 구체적인 사랑의 방식인 사회복지활동은 한마디로 이러한 영성을 구체적으로 드러낸다. 가톨릭 사회복지활동이 이러한 영성을 올바로 드러내기 위해서는 측은지심에 입각한 단순한 이웃 사랑이 아닌 하느님에 대한 사랑에 근거한 근인애여야 한다. 이러한 이웃 사랑이야말로 만인을 구원으로 이끄시는 하느님에 대한 사랑을 구체적으로 드러낸다. 따라서 가톨릭 사회복지활동의 영성은 하느님에 대한 관조와 이웃에 대한 헌신이 불가분적으로 하나가 될 때 생동하는 실천적인 모습을 띠게 된다.

하느님은 각각의 사람들을 극진히 사랑하시고 그중에서도 '작은 이들'을 특별히 사랑하신다. 가톨릭 사회복지활동의 영성은 하느님에 대한 관조와 작은 이들에 대한 헌신이 하나가 될 때 생동하는 실천적인 영성의 참된 모습을 함의하게 된다. 그때에 펼쳐지는 활동은 그분과 이웃의 작은 이들을 기쁘게 하는 일을 생생한 임무로 받아들여 기쁜 마음으로 실생활에 옮길 수 있다.

우리의 이웃은 늘 우리에게 좋은 것만은 아니다. 적지 않은 경우 유용하지 않을 수도 있고 부담스러운 존재로 여겨질 수도 있다. 그런데도 그들은 어디까지나 우리의 벗이다. 그러기에 우리가 그들에게 아무런 원한도 품지 않고 조금이라도 그들을 생각해 주는 바가 있다면, 일단 우리는 이웃의 작은 이들에게 나름대로의 빚을 갚고 있는 셈이 된다.

구약성경에서 말하는 '작은 이들'이란 사회에서 버림 받고 가난하며 고통 받고 박해 받으면서도 야훼를 찾아 그분께 끊임없이 하소연하며 기도하고 의지하던 자들이다. 그들은 하느님께서 필요로 하는 응답과 보답을 필히 해주실 것을 확고히 믿었던 자들이다. 하느님은 겸손과 신앙심을 지닌 그들을 누구보다도 먼저 돌보셨다. 그러기에 그들은 단순히 작은 이들이 아닌 "하느님의 작은 이들"[1]이었다.

따라서 가톨릭 사회복지활동은 사람들 가운데서 가장 보잘것없고 가난하며 고통 받는 이들을 우선적으로 선택하여 그분의 사랑을 전해 줌으로써 만인에게 하느님의 사랑이 무엇인지를 증거하는 활동의 표지가 된다.

2. 작은 존재와 작은 일

기회원인론자(機會原因論者)들에 의하면 사람은 아무것도 아니고 아무것도 할 수 없다. 특히 하느님 앞에서는 더욱 그러하다. 그럼에도 하느님은 예수 그리스도를 통해 사람을 사랑으로 대하신다. 이것은 성경이 전하는 핵심적인 내용이기도 하다. 그래서 요한 사도가 남긴 "하느님은 사랑이시다"[2]라고 하는 말씀은 우리가 원천적으로 내심에 품고 또 생활 속에서 드러내야만 하는 최고의 가르침으로 우

---

1 시편 74:19; 149:4.
2 1요한 4:8.

뚝 자리한다.

하느님의 무한하심과 위대하심 앞에서 작은 이가 되고 작은 자로서 존재하려고 하는 것은 '작은 길'의 첫째가는 영성이다. 작은 자는 성경에 나타난 가난한 자만이 아니라 그들에게 봉사하는 이의 정신이기도 하다. 가톨릭 사회복지활동에 임하는 자는 결코 큰 사람일 수 없다. 그는 작음에 대한 가치를 익히 알고 있는 작은 자이다. 행여 봉사활동에서 작은 일을 경시하는 사람이라면 그는 큰일에서도 별다른 의미를 찾지 못할 것이다. 이런 맥락에서 아우구스티누스는 다음과 같이 말한다.

작은 일에 성실한 것 자체가 위대한 일이다. 그대는 위대한 자가 되기를 원하는가? 그렇다면 작은 일부터 시작하시오.

작은 일에 충실하다는 것은 완벽한 삶을 살아가는 데 있어서 우선적으로 필요시되는 요소다. 이것은 결코 쉬운 일이 아니다. 흔히 사람들은 작은 것의 의미를 간파하지 못한다. 크고 좋은 일만 하기를 원한다. 그러니 작고 보잘것없는 것이 눈에 들어올 리 없다. 세상은 크고 넓으니 작은 일은 시시하고 무시해도 좋다고들 생각한다.

작은 일, 작은 것에서부터 덕을 쌓는 이는 큰 것과 큰일을 앞세우지도 않으며 또 그런 일에 집착하지도 않는다. 그리고 사건을 크게 부풀리지도 않으며 큰일 앞에서 자신이 커졌다고 오만해하지도 않으며 자신을 앞세우지도 않는다. 그런 사람은 있는 사실을 그대로 받아들이며 사사로운 일에 매이지도 않는다. 그는 엄위하신 하느님의 심오한 사랑과 덕행의 은총으로 모든 방해물을 극복해 낸 터이다.

하느님의 위대성 앞에서 자신이 보잘것없음을 느끼는 사람은 겸손의 덕을 쌓는다. 왜냐하면 강생을 통해 스스로를 한없이 비하시킨 그분의 외아드님은 이 같은 삶의 보잘것없음을 모조리 다 받아들이셨다고 믿기 때문이다. 겸손의 신비란 강생하신 성자에 힘입어 저 높은 곳을 향해 인내와 믿음의 정신으로 힘차게 나아가는 굳센 믿음의 덕망 외에 다른 것이 아니다. 이러한 신뢰심은 우리를 자기경멸에서 보호해 준다. 오히려 우리에게 확신을 주고 육화하신 하느님께 자신을 내맡기도록 하는 의연함을 선사해 준다.

이렇게 볼 때 자기 자신이 겸손으로 무장된 작은 존재임을 인정하고 하느님 앞에서 자신의 한계를 인정하며 한량없는 신뢰심을 지니고 그분께 자신을 오롯이 내맡기는 사람이야말로 작은 길에 들어선 사람이라 아니 할 수 있다.

한량없는 하느님께는 전폭적인 신뢰심만이 어울린다. 이런 신뢰심을 지닌 사람만이 사회에서 내쳐진 보잘것없는 이들의 친구가 되어 줄 수 있고 근인애의 첨병자 역할을 할 수 있다. 이는 가톨릭 사회복지사업이 이 같은 영성을 지닌 작은 자가 그 중심축을 이루어야 한다는 것이기에 신분이 높고 고귀한 관리자가 주류를 이루어서는 안 되는 이유가 되기도 한다.

성녀 테레사는 말한다.

저는 겸손을 통해 강해졌습니다. 때문에 저는 겸손하게 되었던 모든 기회에 대해 기뻐했습니다.

성녀 테레사의 삶은 사회복지활동과는 어떤 면에서 상당한 거리감이 있고 또 어떤 면에서는 아무런 연관도 없을 수 있다. 그렇지만 우리는 일련의 사회복지사업의 차원을 넘어서서 전 인류의 안녕과 행복을 기원한 성녀의 정신과 영성을 마음속에 되새겨볼 필요가 있다.

그녀는 하느님의 위대하심 앞에서 작은 존재는 고사하고 차라리 아무것도 아님을 의식하였다. 그렇지만 성녀는 기쁨에 넘친 신뢰심으로 아무것도 아닌 자신의 존재를 모든 것이신 하느님의 사랑에 내맡기는 전적인 신뢰심의 모범가가 될 수 있었다. 이렇듯 작은 존재, 겸손한 존재, 가난한 존재야말로 '작은 길'에 이르는 덕행이다. 이 덕행은 인간 본성이 추구하는 것과는 전혀 다르다.

인간의 본성 자체는 언제나 큰 존재, 교만하고 부요한 존재가 되기를 꿈꾼다. 그렇지만 인간이 이런 본성을 통해 참 행복을 추구하려 들면서 지복(至福)을 누릴 수 있다고 생각한다면 그야말로 큰 오산인 것이다.

3. 부정적 자아에서 무한한 사랑으로

현대 실존주의 철학자들은 인간이 불안에 떨고 있다고 한다. 여기서 말하는 두려움은 무시무시한 맹수가 갑자기 코앞에 나타나 어쩔 수 없이 품게 되는 감정이 아니라, 불쑥불쑥 나타나 삶에 도전을 멈추지 않는 일련의 죽음과도 같은 파편들에서 생겨나는 불안감이다. 졸업, 이별, 퇴직, 은퇴 등과 같은 제반 사건들이 바로 그런 것들이다. 이런 일들은 시도 때도 없이 우리를 압박하고 고통의 나락으로 몰아넣는다.

알고 보면 이런 불안감은 상실감과 적막감이 가득한 작은 자아에서부터 시작된다. 그래서 나, 자아는 늘 위협에 처해 있음을 느낀다. 문제의 해결책은 인간이 사심 없이 자기 자신을 버리는 정도에 따라 참된 자아가 성장하는 것이기에, 무엇보다도 자신을 체험하는 이 자아의 현존에 눈을 돌려 무엇을 보태고 감할 것인지를 계산할 필요가 있다.

자아는 자유와 개방성, 내적 불멸성 안에서 자기 자신을 의식하고 체험한다. 그러기에 그릇된 자아를 내치는 일은 중요하다. 참된 자아로 성장하기 위해서는 '나', '나에게'를 더 이상 강조하지 않고 모든 것을 자신의 명망과 이익에 관련시키지 않는 태도를 지녀야 한다.

거룩한 사람이란 자신을 버린 자아를 지닌 자유로운 사람이다. 이런 사람은 자신을 강조하거나 중시하지 않기에 욕망이나 불안에 사로잡히지 않는다. 그러기에 그에게는 실존적인 두려움이 없다. 그는 사랑 자체이신 하느님께 개방되어 있기에 진리와 질서를 따르며 빛을 발산한다.

그렇지만 인간이 자신에게 집착하지 않고 자신을 버리는 일은 하느님이 베풀어주시는 은총의 선물로 이루어진다는 사실을 잊어서는 안 된다. 따라서 무엇보다도 하느님의 은총을 받아들이는 마음 자세가 요구된다.

내향성에서 건전한 외향성으로의 변화는 우리로 하여금 일하고 노력하며 투신하는 삶을 살게끔 한다. 그러기 위해서는 지향성(指向性)으로서의 어떤 대상을 필요로 한다. 그렇지 않고 우리 자신에 머물러 있는 경우라면 그러한 삶은 바른 삶일 수 없다. 다시 말해 우리의 이웃이 고려되지 못한 자아의 정체성(停滯性)이라면 더 이상 앞으로 나아가지 못하고 삶의 의미를 상실한 채 정지된 삶을 살 수밖에 없다.

4. 누구를 위한 삶인가?

그대는 누구를 위해 살고 있는가? 좀 더 정확히 묻는다면, 그대의 삶은 누구에게 봉사하는 데 쓰이고 있는가? 그대의 작은 자아에게 봉사하는가, 아니면 하느님의 위대한 관심사에 헌신하고 있는가? 분명 이러한 물음은 우리의 삶을 자각하게끔 만든다.

어떤 랍비가 경비병에게 물었다.

> "그대는 나의 봉사자가 되고 싶은가?" 그러자 경비병은 "제가 무엇을 해야 합니까?" 하고 묻자, 랍비는 "가끔 나 자신을 상기시켜 주는 일 외에 다른 것은 없다네." 하고 대답하였다. "무엇을 상기시켜 준다는 말씀입니까?"

랍비가 그 경비병을 봉사자로 삼고자 한 데에는 그에게 불현듯 다음과 같은 생각이 떠올랐기 때문이다. 즉 우리는 자신의 욕구에만 너무 지나치게 집착한 나머지 본래 사랑 자체이신 하느님으로부터 신앙인으로서 부름을 받았던 일, 즉 하느님의 위대한 이들을 망각하고 있다는 것이다.

성 아우구스티누스는 『신국론』에서 로마가 멸하게 된 이유를 자기 자신에 대한 사랑 때문이라고 적고 있다. 영혼이 자신에게 기울어져 있으면 그것은 탐욕 외에 다른 것이 아니라는 것이다. 이러한 사랑이 연속되어 나타나게 되는 공배수는 인연, 학연, 지연, 혈연으로 묶인 집단적 이기주의일 따름이다.

진정한 사랑은 지상에서 굳어져 혼탁해져 버린 사랑이 아니라 천상을 향해 치솟는 숭고한 사랑이다. 높이 나는 갈매기가 멀리 볼 수 있다는 리처드 바크(R. Bach)의 말처럼 그때에 인간은 초월한 만큼 하부의 이웃들을 좀 더 폭넓게 눈여겨본다.

5. 봉사를 위한 무장

예수께서 우리에게 씻어주라고 맡겨주신 발들은 멋진 장소나 상급적인 위치에 자리하고 있는 것이 아니라 하찮은 눈길이나 가 닿을 수 있는 저 '아래쪽'의 불편한 장소에서 찾아볼 수 있다. 그 발들을 가까이하기 위해서는 자기 자신을 그런 발을 지닌 사람보다 더 높이 평가하거나 취급해서는 곤란하다.

예수께서는 위대한 행위들을 그리 중요하게 생각하지 않으십니다. 혹은 그들의 어려움마저도 중요하게 여기지 않으십니다. 그러나 주변 세계를 피하는 것은 영혼의 생명력을 빼앗는 일입니다. 그러니 속히 이웃 사랑의 업적을 행해야 합니다.

이는 영성의 대가인 리지외의 성녀 테레사가 남긴 말씀이다.
근인애의 중요성을 말하는 대목에서 눈에 띄는 생명 내지 생명력
은 무엇을 의미하는 것일까? 이에 대해 신학자 본 회퍼는 다음과 같
이 말한다.

> 예수 그리스도께서 당신 자신에 관해 "나는 생명이다"(요한 11:25)
> 라고 말씀하신 이후부터는 그 어떤 사람도 이 말씀과 그 실재를 간과하
> 면서 생명에 관해 말할 수 없었다. … 예수님의 말씀은 생명에 관한 모
> 든 사상을 당신의 인격과 관련시킨다. … 생명은 어떤 사물이나 본질,
> 어떤 개념이 아니라 하나의 인격이다. 예수께서는 "나는 생명을 소유
> 하고 있다"라고 말씀하시지 않고 "나는 생명이다"라고 말씀하셨다. …
> 따라서 생명은 어떤 경우에도 예수님의 자아, 예수님의 인격과 분리될
> 수 없는 것이다.

이웃에 대한 사랑, 근인애에 대한 조직적인 크리스천 사랑의 행위
인 가톨릭 사회복지활동은 이러한 생명의 구원관에 바탕을 두지 않
으면 안 된다. 그때에 우리는 결과를 염려하지 않고 늘 베풀고 내어
줄 수 있게 된다.

> 한 친구는 그다지 힘들이지도 않고 저편으로 건넜지만, 다른 친구는
> 밧줄에 발을 올리는 것조차 두려워했다네. 두려움을 느낀 친구가 이미

건너편에 간 친구에게 "어떻게 해서 절벽을 자신 있게 건널 수 있었는 가?" 하고 물었다네. 그러나 건너편에 있는 친구는 "나도 잘 모른다네. 내 몸이 한쪽으로 쏠릴 경우, 나는 다른 쪽으로 몸을 기울였다네." 하고 대답했다네.

여기서 엿볼 수 있는 구원의 방법은 이러하다. 즉 악을 이겨내고 악습을 고쳐 선을 행하는 방법은 다름 아닌 그 반대편으로 기우는 태도인 것이다. 이런 사실을 프란체스코 드 살은 다음과 같이 분명하게 말해 준다.

그대가 모난 성격을 고치려 한다면, 그 반대편의 덕을 행하려고 노력하고 모든 것을 그 덕과 연결시켜야 한다. 그러면 그대는 그대의 원수를 다스릴 수 있을 것이다. ⋯ 예를 들어 그대가 교만이나 분노에 기울어진다면 그대는 기회 있을 때마다 양순한 마음과 겸손한 마음을 품어야 하며, 이것에 초점을 맞추어 기도와 다른 모든 선행을 행해야 한다.

가톨릭 사회복지활동을 위한 봉사 역시 이렇듯 악의 세력이 우리 자신들을 사로잡지 못하도록 다양한 영적 무기를 사용하여 잘못된 생각들을 통제하고 바로잡을 수 있도록 하느님의 도움을 간구해야 한다. 우리의 나약한 부분이 아주 다양한 것처럼 악의 세력 역시 매우 다양하기에 우리가 사용해야 하는 무기 역시 다양할 수밖에 없다. 특히 기도는 절대적인 것으로 요청되는바, 기도의 신비야말로 하느님께서 활동하시도록 그 폭을 마련해 드리는 도구의 역할을 하기 때문이다. 또한 기도는 하느님이 우리에게 무엇인가 행하기를 원하시는 시간이기도 하기에 그쪽으로 우리 몸을 슬쩍 넘기도록 할 것이다.

6. 맺음말: 가톨릭 사회복지활동을 위한 근거와 목표로서의 영성

일반적인 사회복지활동과는 달리 가톨릭 사회복지활동이 추구하는 바는 가톨릭 영성이 절대적으로 뒷받침된 작은 자로서 작은 자에 대한 배려, 즉 베풂과 나눔, 봉사와 감사의 삶을 통한 근원적 구원으로의 이끎 외에 다른 것이 아니다. 교회 사회복지 종사자들의 봉사를 통해 '작은 이'들이 주님의 사랑을 체험하고 그분께 가까이 다가가 마침내 그리스도의 구원에 도달하기를 바라는 교회의 가르침은 시공간에 그 어떤 제약도 두지 않는다. 그러면서도 가장 근접한 거리에서 이웃 사랑이 철저히 실행에 옮겨지기를 간절히 원의하고 있다. 한국 가톨릭 교회 역시 사회복지기구의 설립과 운영, 조직체들의 원활한 활동을 위해 최선을 다하고 있으며 지적, 영적인 가르침과 함께 실천적 사업에 솔선수범하며 종합적이면서도 적극적인 자세로 이에 대처하고 있는바, 이 모든 것은 참으로 고무적인 일이 아닐 수 없다.

알다시피 복지사업의 근본 목표는 가난과 질병에서 '작은 이'들을 해방시켜 그들을 전에 없이 크고 부요한 자가 되게끔 하려는 데에 있지 않다. 가톨릭 복지활동의 목표는 일차적으로 영성으로 무장된 봉사활동을 통해 이웃에게 그리스도의 복음의 메시지를 전파하는 데 있다. 그뿐만 아니라 복지 혜택을 누리는 이들로 하여금 영성으로 각인된 가톨릭 복지활동의 종사자들의 모범을 본받아 신앙으로 무장, 자신들의 도움을 필요로 하는 또 다른 주변 이웃의 작은 이들에게 그리스도의 사랑과 구원의 진리를 알려주는 삶을 살도록 하는 데에 있다. 이런 순환적인 서비스의 고리를 통해서만 크리스천 삶의 참된 연대성은 본연의 의미를 구현할 수 있다. 그때에 크고 작은 가톨릭 교회의 사회복지활동은 일반적인 사회복지활동과는 구별되는 본래적인 차별성을 지닌 채, 그 구심적으로 작용하는 복지 차원의 영성은 특별한 가치와 의미를 지닌 것으로 인정받을 수 있게 될 것이다.

김현태 루카신부

약력

1952년 8월 15일	대전 유성 태생
1979년 2월	서울가톨릭대학교 졸업
1981년 2월	서울가톨릭대학교 대학원 졸업. 종교철학 석사
	사제수품
1981년-1982년	부산 봉래동성당 보좌신부
1982년-1988년	로마 교황청립 안토니안대학교 철학부 졸업
	철학 석사 및 박사 학위 취득
1988년-1989년	로마 안토니안대학교 초빙교수
1988년-1997년	서울 수도자신학원 교수
1988년-1991년	서강대학교 철학과 강사
1989년-1990년	서울가톨릭대학교 강사
1990년-1995년	서울가톨릭대학교 교수
1990년-1995년	서울가톨릭대학교 부설 중세사상 연구소장
1992년-1994년	프란치스칸 사상연구소 창설 및 초대소장
1995년-1998년	구월1동성당 주임신부
1995년-2006년	인천가톨릭대학교 교수
1995년-2005년	서울가톨릭대학교에서 철학 강의
2002년-2006년	강화성당 주임신부
2006년-2009년	인천가톨릭대학교에서 철학 강의
2006년-현재	인천대건고등학교 교장
	인천가톨릭대학교 부설 교리신학원에서 철학 강의

저술목록

1. 저서

『데카르트 철학에 나타난 신 접근 고찰』, 안토니안대학교, 로마, 1988.
『데카르트와 후설 비교론』, 안토니안대학교, 로마, 1988.
『내탓이오』(공저), 보성출판사, 1991

『과학과 신앙』(공저), 한국천주교중앙협의회, 1993.
『둔스 스코투스의 철학사상』, 가톨릭대학교 출판부, 1994.
『철학의 원리 I』, 가톨릭대학교 출판부, 1994.
『종교철학』, 가톨릭대학교 출판부, 1996.
『중세기의 교회와 국가』, 인천가톨릭대학교 출판부, 1997.
『현대 사회와 자유』(공저), 그리스도교철학연구소 편, 철학과현실사, 2001.
『철학과 신의 존재』, 철학과현실사, 2003.
『중세철학사, 그리스도교 사상의 기원과 발전』, 인천가톨릭대학교 출판부, 2004.
『철학과 그리스도교 문화탐색』, 철학과현실사, 2005.
『수도생활과 사도직』(공저), 분도출판사, 1984,
『둔스 스코투스의 삶과 사상』, 철학과현실사, 2006.
『즐거운 지혜: 사상과 풍상의 만남』, 철학과현실사, 2012.

2. 역서

『인간을 위한 미래건설』, 분도출판사, 1990.
『프란치스칸 휴머니즘과 현대사상』, 가톨릭대학교 출판부, 1992.
『성녀 글라라에 관한 초기 문헌들』(공역), 프란치스칸 사상연구소, 1993.
『하느님 섭리에 내맡김』, 가톨릭대학교 출판부, 1996.
『인식론』, 인천가톨릭대학교 출판부, 2005.
『고통의 가치, 희생 제물의 내적 기쁨』, 철학과현실사, 2005.
『하느님의 강한 무기로 무장하십시오』, 철학과현실사, 2006.
『형이상학』, 인천가톨릭대학교 출판부, 2011.

3. 논문

「후설의 현상학과 선험적 관념론」, 1991.
「무우니에(E. Mounier)의 인격주의적 존재론」, 1992.
「현대문화 속에서 바라본 희망의 선택」, 1998.
「현대문화와 인간에 관한 문제」, 1998.
「일상생활과 상승문화」, 1999 외 20여 편.

참된 존재를 향한 지혜

지은이　　김현태

1판 1쇄 인쇄　　2012년 9월 20일
1판 3쇄 발행　　2015년 5월 30일
발행처　　철학과현실사
발행인　　전춘호

등록번호　　제1-583호
등록일자　　1987년 12월 15일

서울특별시 종로구 동숭동 1-45
전화번호 579-5908
팩시밀리 572-2830

ISBN 978-89-7775-757-8　03100
값 10,000원

●지은이와의 협의하에 인지는 생략합니다.
●잘못된 책은 교환해 드립니다.